带00后打胜仗

用游戏化思维打造高效团队

徐维泽 • 著

中国纺织出版社有限公司

内 容 提 要

管理者的责任就是要带领员工打胜仗。当00后开始涌入职场，带领和激发00后的潜力不仅是一种预见，更是一种智慧。

本书从实战管理案例、游戏化管理另辟蹊径，以10年的一线管理、咨询经验为基础，结合实战佳绩，深度剖析00后的心理特点和行为特征，提出创新性的游戏化管理方式。

本书不仅是一本经实践证明能"立竿见影"的实务管理工具书，还是故事集，是灵感源泉，是可以引导您和您的团队走向成功的游戏化管理手册。

图书在版编目（CIP）数据

带00后打胜仗：用游戏化思维打造高效团队 / 徐维泽著 .--北京：中国纺织出版社有限公司，2024.3
ISBN 978-7-5229-1346-9

Ⅰ.①带… Ⅱ.①徐… Ⅲ.①管理学 Ⅳ.①C93

中国国家版本馆CIP数据核字（2024）第019924号

责任编辑：郝珊珊　　责任校对：高　涵　　责任印制：储志伟

中国纺织出版社有限公司出版发行
地址：北京市朝阳区百子湾东里A407号楼　邮政编码：100124
销售电话：010—67004322　传真：010—87155801
http://www.c-textilep.com
中国纺织出版社天猫旗舰店
官方微博 http://weibo.com/2119887771
鸿博睿特（天津）印刷科技有限公司印刷　各地新华书店经销
2024年3月第1版第1次印刷
开本：710×1000　1/16　印张：12.75
字数：177千字　定价：62.80元

凡购本书，如有缺页、倒页、脱页，由本社图书营销中心调换

推荐语

管理者的责任就是要带领员工打胜仗。当你的员工是新生代时,管理者最需要做的是什么?是忘记自己年龄,自己的"成功史",甚至忘记自己擅长的"管理方式"。你管理谁,你就去研究谁,研究他喜欢什么,他怎样才能爱岗敬业地出业绩,而不是,你希望他按你的方式去做。

研究新生代,并不是一个非常严肃的话题,应在轻松愉快的场景下进行。而本文作者的特长正是如此。他不是学院派地正襟危坐去讲一些理论,而是把一系列管理秘籍融合在"游戏"之中,轻松愉快,接地气地演绎新生代员工管理的游戏规则。

我愿意把这本书总结为以下几个字:另辟蹊径,游戏管理,深度剖析,立竿见影。

——国内最早出道的实务派讲师之一,
前诺基亚北方区人力资源经理,
原金蝶软件区域人力资源总监
张晓彤

乾元老师从90后成长为"写"00后,期间的历程历历在目。如书中所述:"每个时代的员工都会有各种不同的性格特点,管理手段并不会有很大的变化,更多的是企业管理在针对具体员工的表现形式上产生了区别。"书中列举的表现形式新颖有趣,作为他多年的HR伙伴,从这本书中受益良多。

——畅销书《一个HRD的真实一年》作者
赵颖

不要说00后不好管，00后一样有责任心，一样有好胜心，一样有斗志，是时代变了，管00后的方法要升级。00后是从小打游戏中成长起来的一代人。为什么不看看乾元老师的新书？不管是定目标，带团队，出业绩，搞团建，都有不一样的游戏化思维，让你带00后一样打胜仗！

——秋叶品牌，秋叶PPT创始人

秋叶

在今天多变的"VUCA"环境下，如何带领由00后组成的团队成为许多领导者面临的一大挑战。乾元老师的《带00后打胜仗》为领导者揭示激励年轻团队的秘诀。作为上市游戏游艺公司的品牌运营负责人，我相信"沟通是个无限游戏"。乾元老师用轻松语言，将游戏化思维应用于团队管理，为我们提供了崭新的视角和实操指南。这不仅是一本管理书，更是一次深入年轻心智的探险，一场关于理解和连接的旅程！

——华立科技品牌运营中心总监

Yoyo ZHOU

在00后开始整顿职场的时候，团队管理者原来的带人做事方法还有用吗？这本书打破带人传统，在"选育用留"的传统观念上，加入游戏化的理念，教我们如何给员工舞台和空间，发挥他们的自我效能和创造力。

——青年作家，读书会创始人社区主理人

彭小六

目 录

001 引言
00后：新一代职场生力军来了

007 第一章
00后管理难：员工不听话，老板怎么办？

血压飙升：挂在嘴上的"老板这不行" 009
"互联网原住民"的多元化求职观 012
炉边夜话，讲好企业的文化故事 016
构建00后评价工作的重要标准 021

029 第二章
招募你的团队，聚集新生代员工

拒绝加班：新员工全都不差钱？ 031
平台借势，让校园招聘不再是问题 038
30秒吸引新生代员工的招聘话术 044
0压力面试也能秒筛新生代候选人 051
优化雇员新导航，拿来即用的SOP 062

069 第三章
点亮新生代员工的能力技能树

培训就犯困？你得这么做 071
游戏化积分设计，让培训从被动到主动 078
用游戏让新生代课堂燃起来 084

成为培训舞台上的魔术师　090

097

第四章
从游戏学习借鉴新生代管理

抱怨吐槽：重新理解团队负能量　099
领导者，亮出鼓舞人心的团队旗帜　107
重新认识企业7种团队角色　115
布景命名，让新人沉浸式"工作"　121
"狼人杀"如何让会议更高效？　124

135

第五章
怎么组织"九头牛也拉不动"的00后团建？

请都请不来的00后，如何团建？　137
即兴喜剧，大声庆祝失败　143
"民间游戏"软植入　149
搞定00后团建的秘密　154

161

第六章
任务驱动，激发新生代员工实现KPI

已读未回，一下班员工就玩"失踪"　163
任务如打怪，发布你的"悬赏"　165
项目管理，任务发布有进度　173
主动承诺，培养员工责任意识　181
盲盒奖励，给员工突然的惊喜　188

197　后记

引言
00后：新一代职场生力军来了

2022年，我国的大学生毕业人数首次冲破千万，而到了2023年，这一数字更是飙升至1158万。其中，绝大多数是2000年后出生的青春洋溢的毕业生。这群被称为"千禧一代"（主要指2000~2009年出生的人群）的年轻人，正踏入职场，为各大企业注入新鲜力量。2022~2023年，无疑是他们求职的开端，是00后进入职场的"元年"。

过去，互联网上充斥着对Z世代（国外将出生在1995~2009年的人群称为Z世代）的种种议论。整顿职场、反向面试、背调雇主等新兴现象成为热门话题，管理上的种种矛盾也逐渐浮现。而与95后相比，00后步入职场，更加被当作网络话题炒作，引起企业管理者关注。00后作为移动互联网的原住民，习惯于在网络上自由地收集信息、发表观点。他们被冠以"后浪""二次元人""躺平一代"等标签。生于改革开放的第三个十年，与互联网共同成长的他们，拥有更为开放的眼界、多元的思想观念和广泛的兴趣爱好。他们享受着改革开放带来的红利，生活在物质丰富的环境中。

因此，有人评价00后："他们出生在高点。"

00后被称为真正的"数字原住民"。他们在互联网、智能手机和社交媒体的笼罩下成长，对数字技术有着与生俱来的热爱。他们成长的时代，是中国经济高速增长的黄金十年，是中国展现其强大实力的时代。这使他们有着更为开放和包容的态度。他们勇于表达，敢于挑战，追求生活和工作的真正

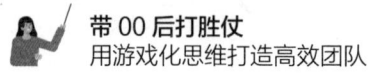

意义。

然而，00后也面临着前所未有的挑战。宝洁公司原首席运营官罗伯特·麦克唐纳（Robert McDonald）借用"VUCA"这个军事术语来描述这一时代的特征，指我们正处于一个易变（volatile）、不确定（uncertain）、复杂（complex）、模糊（ambiguous）的世界里。

2022年，当COVID-19大流行即将结束时，大多数00后的大学生在封闭的网络课堂中度过了他们的大学时光。他们缺乏与企业的真实互动，职场对他们来说是一个崭新的挑战。疫情也导致企业缩减招聘，年轻人的失业率居高不下。而AI的崛起，使许多基础岗位面临被替代的风险。在这样的大背景下，00后毕业生仿佛置身于巨大的旋涡中，每一步都充满了未知。

与此同时，企业管理者也意识到，00后作为新的生力军，为企业带来了新的活力和机遇，同时也带来了新的管理挑战。对于管理者来说，如何有效地管理和激励这一代人，使他们能够充分发挥自己的潜能，成为企业的梯队成员，为企业注入新的活力，而不是成为企业团队管理的问题，这成为一个亟待解决的问题。

为什么需要关注这个主题？

随着社会发展，生育率在不断下降，对于企业而言，人力资源成本会随着时间推移逐渐上升，企业对于新生代员工的吸引力呈现两极分化。不同企业似乎正处在同一个世界的不同发展年代，大型工厂开始使用大量的机器手臂来取代人工，而作坊企业仍然让员工暴露在闷热、嘈杂、难闻的工作车间。科技进步促生了直播、视频宣传，而同样还是有很多企业需要一个既会美工又能招聘的前台岗位。随着个体意识觉醒，新生代员工面临的发展环境与过去的劳动者截然不同。借助AI，掌握新时代技术的少量人员，能完成过去需大量初级劳动力的传统工作，如文字翻译、图片制作、视频生成。所以

引言
00后：新一代职场生力军来了

企业管理者需要新生代力量，来巩固企业自身发展优势，并助力于企业未来的生存和发展。为此，企业既需构建能够吸引年轻群体的企业品牌，又需掌握合理培养与使用他们的方法。传统的管理手段对于00后并不总是有效。管理者需要一本实用的00后管理手册，来帮助他们跨越与00后求职者的代沟，将传统的计划管理思维转变为知识密集型时代的管理思维。游戏化管理成为一种既科学又有趣的团队管理洞见。

为什么是这本书？

全书从HR的角度剖析初创团队、小团队吸纳招聘00后进入职场所需要调整的企业管理方法，内容涵盖00后的画像分析、团队组建，以及如何进行00后的培训以至制定针对00后的激励政策等。将日常团队管理常见的问题，同游戏化管理的内容相结合，并且针对互联网热议的00后整顿职场现象进行了分析。

企业管理需要HR全局协调。企业管理者与新一代的代沟始终存在，从面对90后到面对00后，管理者学习了解管理技巧，可以减少企业管理"摩擦"，提升团队合作效率和绩效。

本书拥有以下特征：

（1）提供多种团队管理实操工具，可以拿来就用，方便团队管理者借鉴。结合真实案例，从实战操作的角度分析拆解内容。

（2）案例以传统企业管理、当下00后关注的"二次元"文化、游戏化管理等为主要构思点，基于对00后群体喜好与思考方式的长期研究，得出适合企业落地的方案。

（3）将工作场景、知识输出和步骤相结合，全书兼具可读性和实操性。

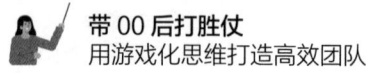
带00后打胜仗
用游戏化思维打造高效团队

为什么要读本书？

本书旨在帮助管理者熟悉00后人群，了解目前00后新生代员工管理中存在的问题，剖析00后的性格特点、工作状态，针对性地提出管理方案。越来越多的00后走向职场岗位，逐步成为企业团队中的新生代力量，但团队管理者还秉持传统管理理念和思路，因此往往与00后产生管理上的分歧。作者深入了解00后的工作心态，将游戏性、趣味性、实用性融入管理设计中，帮助管理者顺利培养00后员工，让其成为公司中坚力量。

急需被"看见"的00后

首先，管理者与被管理者不是对立的两个部分，而应是相互理解的关系。管理者大概率都做过员工，天然有理解员工的义务。与前几代员工相比，00后更加注重个人的成长和发展，他们希望在工作中不仅能够获得物质回报，更能够获得知识和技能的提升。他们不满足于机械地完成任务，而是希望能够参与决策，对工作有所创新和改进。因此，管理者需要深入了解00后的价值观和需求，为他们提供更多的学习和发展机会，鼓励他们主动参与和创新。

其次，00后生活的时代、工作环境已经与之前完全不同，他们更加注重工作与生活的平衡。他们不愿意为了工作牺牲自己的生活，希望能够有更多的时间和空间来追求自己的兴趣和爱好。因此，管理者需要为他们提供更加灵活的工作模式，如弹性工作时间、远程办公等，使他们能够更好地平衡工作和生活。

再次，00后更加注重团队合作和人际关系。他们希望能够在一个和谐、友善的环境中工作，与同事建立深厚的友情和合作关系。因此，管理者需要为他们创造一个开放、包容的工作氛围，鼓励团队合作和交流。但同时，00

引言
00后：新一代职场生力军来了

后也是独立思考、敢于挑战的一代，他们不满足于被动地接受信息和命令，而是能够主动参与和质疑。这对于管理者来说，既是一个挑战，也是一个机会。管理者需要学会倾听他们的意见和建议，与他们进行深入的沟通和交流，共同探讨和解决问题。

最后，撇开00后的标签，实际上每个时代的员工都会有各种不同的性格特点，管理手段并不会有很大的变化，更多的是企业管理在针对具体员工的表现形式上产生了区别。管理者与员工是相互影响的。实际上，这个时代的管理者也发生了巨大的变化。管理者需要对00后进行个性化的管理，实际上也是针对现代企业管理进行形式上的变革。每个人都有自己的特点和需求，管理方式不能只停留在传统经验中，管理者需要与时俱进地深入了解每个员工的特点和需求，为其提供个性化的支持和帮助。

第一章

00后管理难：
员工不听话，老板怎么办？

CHAPTER 1

血压飙升：挂在嘴上的"老板这不行"

会议上老板问："有没有问题？没有问题就散会。"大家都心领神会地默默整理笔记本，这时候00后站起来说道："老板我有问题！"然后开始发言，阐述项目可行性的诸多问题，以及对这个项目方案自己的理解。

老板不耐烦地看着员工，一脸黑线。见此情景，00后表示，既然老板根本听不进去意见，那以后就不表达了。于是现在的管理者表示下属真难带，"明明很简单的事情却怎么教都干不好"，"说一句就顶回来十句"，"动不动就离职要挟"，"真是一代不如一代"。

在企业中这种情况每天都在发生，很多管理者似乎每天都在抱怨自己的下属无法听懂自己的话，或者就开始反驳，一直在挑战自己的领导权威。而新生代员工也极其委屈，感觉自己的领导不听取自己的建议，而且完全不顾自己的感受，有时候当众批评，又或者打击了自己的自信心，从而不愿意针对企业的事情表达意见，甚至演变成事事都询问领导的下属。

每一代员工都有其独特的成长背景和特点。00后这一代在互联网和数字技术中成长起来的年轻人，与前辈们在沟通方式、价值观甚至生活方式上都存在着显著的差异。他们的直接、对传统观念的挑战以及独立思考的能力，都在某种程度上重塑了现代社会的交往模式。

00后的直接性：为何他们更愿意直言不讳？

从古至今，国人说话喜欢含蓄、中庸，兼顾话外音的留白。许多人习惯于避免直接的冲突，选择婉转的方式来表达自己的观点。但00后似乎打破了

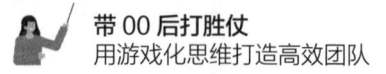

这一传统。他们更加直接，不畏权威，勇于表达自己的看法。

很多管理者把00后的这种行为视为"挑战"，将员工带情绪的表达视为对他们的不尊重。实际上，这种直言不讳并不是出于冲动或不尊重，而是源于不同成长环境塑造的语言表达习惯。这种习惯导致了管理者与新生代员工之间的代际沟通冲突。在互联网时代，信息的传播速度极快，00后从小就习惯于在海量的信息中筛选、判断，形成自己的观点。这种环境培养了他们的批判性思维，使他们更加注重事实和逻辑，而非某一些权威意见，或者约定俗成的规定。

00后的表现具有"极端"性。面试时，谈及社交关系，他们经常会这样形容自己："我和自己熟悉的人关系都特别好，但是对于陌生人来讲可能是话比较少的。"从工作交往中就会发现，00后的前后反差极大，他们能瞬间从社交"恐惧症患者"变身为社交"恐怖分子"，也会在被上级训一句后从"显眼包"秒变"空气"。这样似乎永远没有中间状态的00后常给管理者留下一种"不成熟"的印象。

从"听话"到"有话说"：00后的独立思考与自我表达

与前几代人相比，00后更加注重自我表达。他们不满足于被动地接受信息，而是希望能够主动地参与讨论，发表自己的观点。这种转变的背后，除了教育方式的变化，还有社会环境的影响。在一个鼓励创新和多样性的社会中，00后得到了更多的机会来展示自己，他们的声音被更多的人听到。

在数字化时代，00后更加具有成果导向性，直播要看点赞量，朋友圈会关注评论，游戏要秀战绩截图，似乎所有的行为都能马上得到一个反馈的数据。把生活当成素材，尽可能地希望被关注，被旁人看到，让别人关注自己的言论，这成为很多00后的追求目标。互联网让过去被忽视的基层声音进入了大众视角。当员工面对简单粗暴的管理时，直播裁员、工作群对骂、截图投诉等成为曝光管理冲突的新形式。曾经很多公司管理者表示"公司只招聘'成年人'",这表达了对员工情绪稳定的诉求,而现在管理者发现,按照这个要求,或许没有合适的候选人。

某些冲突在过去的企业管理中似乎构不成问题,但在新一代00后员工面前,管理者首先需要做的是学会克制。他们应该努力成为一个不会轻易被新员工影响情绪的"成年人"。这不仅仅是在面对00后的挑衅时能够"深呼吸"后再作回应,更是在00后表示无法加班时能够找到合适的协调方案。未来的管理进步不仅仅是改进管理手段,更在于教育和引导00后员工更适当地表达自己的观点和需求。这意味着我们需要摒弃传统企业中那些粗暴的管理方法,转而采用更为人性化和理性化的管理方式。

管理者可以引导00后员工自行对比不同沟通方法的效果,让他们在实践中学习和成长。这不仅可以帮助他们锻炼自己的沟通技能,还可以帮助他们更好地适应职场环境。教育00后员工如何在职场中有效沟通和表达,是每一个管理者在面对00后新员工时都应该注意和重视的事情。

与传统观念的冲突:权威在00后眼中意味着什么?

传统上,尊重长辈和权威被视为一种美德。但在00后的眼中,权威不再是一个绝对的概念。他们认为,每个人都应该根据事实和逻辑来判断,而不是盲目地听从所谓的"权威"身份。获得00后尊重的"权威"可能是:

○能具体解决某一个技术难题的人;
○达成了其无法达成的巨大成就的人;
○有共同喜好并且做得更好的人。

他们崇拜的对象可能上到国家院士、学者,下到某个拥有"技术"的主播、UP主、贩夫走卒或达官贵人都可以成为00后崇拜的权威。最关键的是，他们真的被其人格魅力所折服。这也是为什么他们在听到老板的意见时，会下意识地进行思考，提出自己认为正确的建议，而不是直接听从。00后希望进行探讨，特别是希望获得权威的认可。

面对"老板这不行"这样的话，管理者应该转变思路，不要先入为主地将其理解为00后的反叛，而要考虑到00后注重独立思考的天性，尝试理解和包容他们，这会让管理更加有效。

有伙伴说自己遇见的00后不愿意表达，其实主要的缘由是讨论的问题与他们并不相关。如果你和一些00后聊他们感兴趣，并且深入研究的内容，那么很可能你得到的就是00后的快速提问、思考、反驳与讨论。当然，同是00后，不同个体的思考沟通方式和反驳对抗程度是不相同的，正如有很多00后自嘲是非典型00后，但是整体而言，让00后放弃自由表达可能比让他们为权威让步更加困难。

"互联网原住民"的多元化求职观

在人工智能大行其道的年代，新生代员工既享受着互联网带来的红利，也被互联网环境所影响。在5年以前，大家流行用"互联网原住民"这个词来形容从小接触和学习互联网的一代人。国外会用Z世代来表示1995~2009年出生的这一代人，而国内的互联网环境更多兴起于2000年前后。2023年是00后进入社会求职、工作的元年，越来越多岗位上开始出现00后的身影。与过去的每一代人一样，00后身上也有很多标签，也备受争议。

第一章
00后管理难：员工不听话，老板怎么办？

互联网时代下的Z世代：他们与前辈有何不同？

从人性本质上讲，虽然00后与其他年代的人并没有什么不同，但不同的成长环境和时代背景会塑造出不同的价值观和行为模式。00后的物质生活条件有了显著的改善。因此，虽然大部分00后仍然觉得"薪资报酬"很重要，但报酬不只是满足物质条件的基础，也是一个向外界证明自己价值的数值。

BOSS直聘公布的数据显示，从70后到00后，第一份工作的平均在职时间不断缩短。70后平均在职84个月，也就是7年左右，才会感到倦怠。到了95后，第一份工作的平均在职时间已经下降到15个月。到了00后呢？已经下降到了10个月。这不仅仅是因为他们容易感到倦怠，更是因为他们愿意尝试更多的可能性，不惧于探索和改变。

知名的视频网站B站（哔哩哔哩）中就有一些观察。有人通过微信运动统计了00后休息日在家的情况。有一些00后每逢假日，可以躺在床上一天，刷个手机，点个外卖，带上耳机听个歌曲，或者沉浸式地看一部电影，就度过了一天，人均步数可以不到100步。同时，这群00后也具有爆棚的生命力，可以完成"城市特种兵打卡之旅"。他们可以一天打卡一座城，国庆7天就能攻略7座旅游城市。还有的00后会寻求刺激，完成高空跳伞、蹦极、潜水、滑雪，只是为了找寻生活的乐趣。这两者都是我们口中说的00后，也都是当下管理者正在面对的00后。

从"稳定"到"有趣"：00后的求职观念转变

一天只走100步的年轻人与极限运动爱好者都是00后，甚至可能是同一个00后针对不同环境所表现的两面。心理学与社会学对此有较为深刻的研究。越是新生代员工，越在体验当下社会逐层传递的压力，这也形成了不同年代人对求职的多元视角和理解。这种多元化不仅仅体现在他们的生活方式

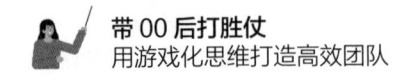

和消费观上，更深层次地影响了他们的求职观念。

求职观念是一个人世界观的延伸，它受到个体过去的生活环境和个人习惯的影响。管理者在面对新生代员工时，常常感到难以理解和适应他们的行为和观念，这实际上是因为他们面对的是求职观念多元化的一代。

求职观实际上是一种求职价值排序。在过去的40年里，中国企业发展经历了三次重大的转折，人们的求职观念也随之发生变化。最初，人们追求稳定的工作；后来，转向追求有前景和高薪的工作；而现在，人们更倾向于追求令心情愉悦和有趣的工作。这种转变不仅仅是个体的选择，更是一个时代的选择，它反映了不同时代的精神和价值观。

00后的求职观念受到他们成长时代的强烈影响。他们在互联网时代成长，这使他们有了更多的选择和可能性。在浙江横店，有很多"横漂"青年，他们热衷于演艺事业，希望通过演艺来实现自我价值和梦想。现在的年轻人不再满足于传统的职业路径，他们愿意尝试新的职业，如成为主播或网红，通过互联网来实现自我价值和获得他人的认可。

00后的求职观念正在经历一场前所未有的转变。他们不再仅仅满足于稳定，而是追求有趣和自我实现。

00后的成长：互联网如何影响了他们的职业选择？

00后的成长伴随着互联网的发展。互联网是一个开放包容的世界，每个人都可以在互联网上表达自己的观点。视频弹幕、聊天评论，每时每刻、无处不在地形成交互。个人任何奇怪的兴趣爱好，都能获得世界各地其他角落中同好者的支持。世界感觉很远，但是看起来又非常的近。很多互联网原住民更愿意把互联网上的朋友当成生活在上下楼的伙伴，对他们似乎比对邻居更加熟悉。

求职观念的差异更可以体现为生活观念的差异。螺蛳粉是一种味道极其

第一章
00后管理难：员工不听话，老板怎么办？

浓郁的产品，在传统的口味标准里，螺蛳粉是另类的，甚至很多人厌恶螺蛳粉的味道。但从2015年到2021年，我国袋装螺蛳粉的销售额从5亿元增长到130亿元，而大部分消费者是年轻人，同时越来越多的大学生更愿意为螺蛳粉买单，可以说螺蛳粉是Z时代的社交货币。螺蛳粉爆红，也是年轻人饮食情绪的自由释放，是个性解放。

> 日本经营管理之神松下幸之助说：企业管理过去是沟通，现在是沟通，未来还是沟通。

面对这样的00后，如果非要给管理者提供一个建议，那我会建议你将00后当成"外国人"。外国人与我们的饮食习惯不同，表达方式不同，甚至连着装都会有不同，但是没有人会对此表示意外。因此，如果把00后当成外国人，实际上冲突就会减少很多。聘用外国人需要成本，但同时外国人会带来不一样的世界观与工作方法。

00后不愿意把吃饭当成社交，也不愿意在吃饭时间开会。吃饭的时候，00后往往需要"电子榨菜"，一边吃饭一边刷剧。他们享受孤独，希望不被人打扰。管理者需要学会理解和尊重他们的差异，而不是简单地将自己的标准强加于他们。毕竟谁也不会去为难一个外国人，要求他必须用筷子吃饭。

如何理解00后？就是把他们当成外国人。螺蛳粉的味道十分难以接受，但是大学校园食堂的螺蛳粉摊位生意兴隆。是大学生都变得口味奇特了吗？并不是，这只是一种流行文化加上一种猎奇好玩。在个性化的时代，极端的个性会摧毁那些不明显的个性。

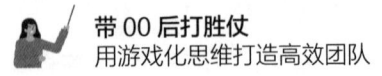
带00后打胜仗
用游戏化思维打造高效团队

炉边夜话，讲好企业的文化故事

> 注意你的想法，因为它能变成你的言辞。注意你的言辞，因为它能变成主导你的行为。注意你的行为，因为它能变成你的习惯。注意你的习惯，因为它能塑造你的性格。注意你的性格，因为它能决定你的命运。
> ——撒切尔夫人

从"规定"到"故事"：企业的文化如何形成

企业文化是企业所有成员共同形成的意识形态，与员工息息相关，故员工关系管理离不开文化的影响，利用文化来管理员工关系是当今员工关系管理领域的新潮流。但是企业文化虽然重要，如何把文化从纸上变成企业管理的重要纽带却成为一个新的课题。

所谓企业文化，就是找到企业做事的方法。在企业运营中，员工如果无法感受到一家企业的企业文化，则对企业就没有认可和同理心，自然不会为企业全心投入。

目前企业构建文化通常会有"三件套"，即口头文化、纸面文化和墙面文化。

口头文化：这是企业文化最直接的传播方式。在每一次团队会议、日常交流和培训中，企业的核心价值观、使命和愿景都会被反复提及。这种日常的强调和传达，使每位员工都能深刻理解并内化这些文化理念。

纸面文化：这是企业文化的具体化和规范化。所有的公司规章、操作流程、考核标准和员工手册中，都会明确地体现出企业的文化理念。这不仅确保了文化的一致性和连续性，还为员工提供了明确的行为指南。

墙面文化：这是企业文化的视觉化。企业的文化墙、荣誉墙或价值墙，都会展示公司的重要历程、成就和核心价值。这种形象的展示，不仅加深了员工对企业文化的认同感，还为访客和新员工展示了公司的品牌形象和企业精神。

> 用一句话总结就是，把公司过去克服的困难，公司需要新员工知道的内容保留下来，把公司需要的文化DNA刻在墙上。

企业文化对员工关系和行为具有凝聚、教化、导向、协调和约束作用，而良好的员工关系有助于企业优秀文化建设。那么如何才能构建有效的企业文化呢？一般采用以下构思框架：

一、组织文化不能直接创造，要在文化中了解文化、引导文化

了解文化：组织文化不是一蹴而就的。它是基于企业历史、员工行为和日常实践逐渐形成的。管理者进入公司，一方面要了解过去企业的文化，另一方面也需要发现企业还未呈现的"潜规则"。企业文化好似"鸡蛋"，公司从外部获得的"企业文化"只会罗列成标语，企业需要深入了解现有的文化，识别其优势和劣势。

引导文化：了解文化后，管理者应明确哪些文化元素需要被强化，哪些需要被改变，并采取措施引导文化向期望的方向发展。同时，需要将企业文化呈现给员工。

二、组织文化是领导者的文化，要从战略上重视文化的作用

领导者是企业文化的关键传播者。他们的行为、决策和沟通方式都会对

员工产生深远的影响。所以领导一直是公司企业文化的第一责任人，如果企业文化没做好，那就是领导没做好，而中高层管理者是协助领导更快掌握企业文化萃取技巧，以及促进有效传播的关键角色。

领导者要从战略上重视企业文化。 公司需要从战略层面认识到企业文化的重要性，并确保其与企业的长期目标和愿景一致。

三、了解组织文化需要重视企业的汇报机制、沟通渠道和传达方式

汇报机制： 管理者可以去了解企业过去运作的机制，以及公司内部上下级汇报关系，找到企业的信息中心，并且为了确保未来信息能在企业高效流动，需要调整与改进信息渠道，建立与确认传递方式，让员工能够及时了解公司的战略方向、目标和期望。

沟通渠道： 明确企业信息的传递方式，并且将传递信息的方式通过制度确定下来，使用多种沟通工具和平台，如内部社交网络、定期会议和工作坊，确保文化信息的广泛传播。

传达方式： 企业文化的传递一定要通俗简单。很多企业喜欢创造"名词"或者采用企业"黑话"（只用于企业内部沟通的一些名词），实际上都是增加了传播的复杂性。建议采用明确、简洁和有吸引力的方式传达文化信息，使其更容易被员工接受和理解。

四、企业文化需要通过制度确定与员工激励去体现在行为上

制度化文化： 将文化理念融入公司的各种制度中，如招聘、培训、考核和晋升制度，确保员工的行为与文化理念相一致。

员工激励： 设计与文化理念相符的激励机制，鼓励员工展现与企业文化相一致的行为。这可以包括奖励、认可、晋升机会等。

第一章
00后管理难：员工不听话，老板怎么办？

企业文化的重要性：为何它对00后尤为关键？

新一代的员工，特别是00后，对企业文化有着更高的期望。他们追求的是自由、平等、开放、包容和创新的工作环境。所以管理者要学会将企业文化中的内容变成现实中的企业工作案例，将枯燥的文字内容变成一个个活泼的故事。《小王子》里有一名句，"如果你想造一艘船，先要做的不是去催促人们收集木材，也不是忙着分配工作和发布命令，而是激起他们对浩瀚无垠大海的向往。"

讲述企业的故事要求管理者学会善用**可视化道具**。企业传递企业文化、讲述企业故事的方式多种多样，不仅限于文字，从文化手册到影视播放，从企业文化试卷到设立文化大使，从企业口号到企业文化衫。为了便于新员工理解，可以用**产品实物**、**企业照片**、**数据**等形式呈现给员工。

企业文化的形式可以五花八门，但是企业文化的内核应始终保持不变。企业管理者作为企业文化讲述的第一责任人，最关键的就是要把企业故事讲得生动有趣。美国企业家埃隆·马斯克经常会使用未来场景，如描述人类会遇见的全球变暖、交通拥堵、资源危机，渲染这些问题，吸引大量的人群，然后构设技术以解决这些问题。就这样，他的火星探测计划、超级高铁公司都应运而生。

如果你问你的员工阿里巴巴的企业愿景是什么？或许有人能脱口而出："让天下没有难做的生意。"但是如果你问"你上一家任职的企业的愿景是什么？"他可能已经忘记了。

要使企业文化拥有记忆点，一方面我们要取好听的名字。例如："豆腐青菜汤"要叫"珍珠翡翠白玉汤"，才会引发好奇，让顾客记住。另一方面要制造具有记忆点的活动。2022年12月3日，新浪微博头条"嘉世电子竞技俱乐部官方宣布：前战队队长、《荣耀》职业选手叶秋于当日正式退役"。不关心电竞圈的网友以为这不过是某个电竞选手的退役，而实际上"电竞圈"完全没有这个游戏。这只是一群《全职高手》小说读者策划的一场虚拟

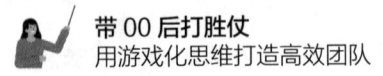

与现实交错的活动,这就是创造故事制造让人印象深刻的记忆点。

企业应该如何讲好企业文化故事?

理想是丰满的,但现实往往骨感。很多企业管理者面临一个问题:如何在没有合适的企业案例,又无法采用高大上的技术进行渲染、包装,甚至需要直接借用外来企业文化内容的时候,讲述吸引人的企业文化故事呢?

古老的"说书人"职业给我们提供了启示。他们告诉我们:"讲述故事的人并不决定故事",这意味着好的故事是在不断的互动中塑造出来的。因此,管理者可以信任员工,鼓励他们分享工作中的故事,甚至可以在酒局后的"裸心会"中加深团队间的沟通。

近年来,"剧本杀"游戏(一种推理游戏)大受欢迎。我们可以借鉴这一点,将企业的规则和故事情境融入剧本杀中,让员工遵从5W1H*的思路提供故事原型,用新的形式让员工在游戏中理解企业文化的深层原因和历史背景,同时也为他们提供一个改善这些规定的机会。让员工理解企业严苛的规定背后的历史原因,与此同时,管理者引导员工修订和改善这些规定,更好地拉近管理者与员工之间的关系。

管理者的作用就是点起篝火,聚集人群,让每个人分享自己的小故事和体验,鼓励员工提出对企业文化的建议和创意,使企业文化更加贴近员工的实际需求,同时也激发员工的创造力和积极性。这不仅仅是为了形式,也是为了传达企业的核心价值和理念。企业管理者需要深入了解新一代员工的需求和期望,用有趣和有创意的方式传递企业文化,让员工真正地感受到企业的魅力和价值。

---

* Who(何人)、When(何时)、Where(何地)、Why(何因)、What(何事),How(何法)。

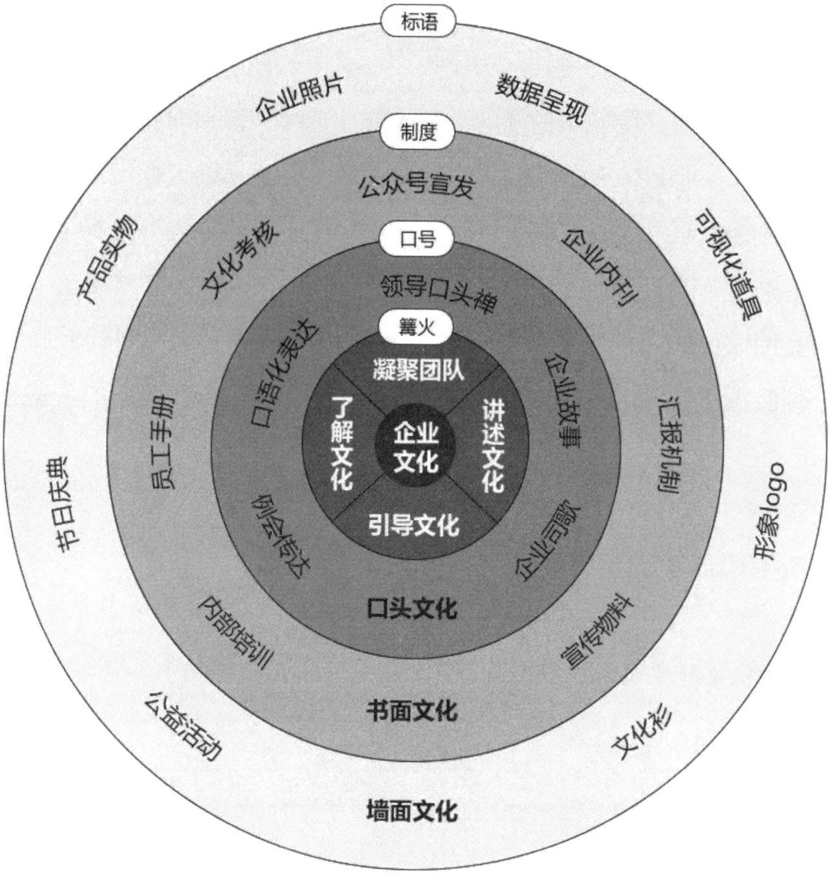

第一章
00后管理难：员工不听话，老板怎么办？

图1-1 企业文化

构建00后评价工作的重要标准

没有了解就谈不上评价，为了更好地理解和评价00后，管理者首先需要深入了解这一群体。幸运的是，自2008年以来，许多机构已经开始深入研究00后的各种特点。亿欧智库在2008年的一份《青春正当时——00后企业营

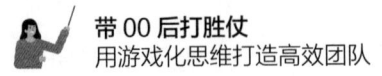

销及产品案例分析报告》中就有过这样的描述：个人意识的崛起，让00后对自我的认知也更为清晰，00后希望自己具备独立、聪明、自信的品质。

BOSS直聘研究院发布的《00后群体就业选择偏好调研报告》指出，伴随2022年第一批00后大学生即将毕业，00后正在全面踏入职场。与前辈们相比，00后在工作城市、职业价值、雇主规模、求职方向等选择上，存在诸多差异。《00后职业心态与行为研究报告》中的数据也显示出了00后的一些特征：00后的物质生活条件丰富，但精神层面又相对比较孤独。基于目前机构针对00后的调研，本书试图为管理者描绘00后的一些基本画像。

新生代员工的工作特点

> 国际象棋和中国象棋的小兵有什么区别？中国象棋的小兵虽然过了河会变得厉害，但是到头来还是小兵，而国际象棋的小兵能变成其他角色。

新生代员工，特别是00后的择业观向西方靠近——工作收入不再是员工唯一的经济来源，工作也不再仅被视为生活必需品。他们渴望在工作中找到意义和目的，而不仅仅是为了赚钱。这与西方的工作观念非常相似。美国职业培训机构BetterUp团队进行了一项涉及26个行业、2285名美国专业人士的调查，探讨了他们对工作意义的看法，并在《工作的意义和目的》报告中指出，高达90%的受访者愿意接受较低的薪酬，只要他们能够从事有意义的工作。

因此，为了吸引和保留这一代的人才，企业需要重新思考其企业文化和工作环境，以满足员工对有意义工作的追求。

第一章
00后管理难：员工不听话，老板怎么办？

新生代00后对职业的偏好有什么主要特征？

提供成长机会：新生代员工更加关注个人成长，企业应该提供充足的培训和发展机会，帮助他们实现自己的职业目标。

创造良好的工作体验：与其用冗长的道理来说服新生代员工，不如直接提供一个良好的工作环境和体验，让他们亲身体验和感受。

尊重多元价值观：新生代员工有着更加多元化的价值观和观念，企业应该尊重和包容这些差异，创造一个多元化和开放的工作环境。

提供工作与生活的平衡：新生代员工更加注重工作与生活的平衡，企业应该提供灵活的工作时间和福利，帮助他们实现这一目标。

为什么新生代员工会变成这样？

成长环境的变化：新生代员工生长在互联网和移动通信技术高度发达的时代，他们习惯了快速的信息交流和即时的反馈。这使他们对于工作和生活都有更高的期望和要求。

教育背景的多样性：与前几代相比，新生代员工接受的教育更加多元化，他们更加重视个人兴趣和发展，而不是单纯地追求高薪和稳定。

价值观的转变：新生代员工更加注重个人价值的实现和自我满足，而不是为了企业的长远发展而牺牲个人的利益。

能不能改变和塑造00后的工作价值观？

管理者最喜欢问的问题就是"能不能改变00后"。实际上，新生代员工的性格和价值观的形成，很大程度上受到社会整体发展和变化的影响。随着员工在职场的成熟度提升，他们自然会更愿意理解管理者的不容易，而对于当下还未经历过社会磨合的00后而言，他们可能表现得更为直接。《2020年中国新生代员工（95后）工作价值观公益调查》中提到"我们能不能塑造95后的工作价值观？"的问题。95后表示不能，"95前"则表示能。

每个时代的管理者与员工都需要时间进行磨合，下面罗列管理新生代员工中常见的六大禁忌：

过度地命令和控制：00后更加重视自主和创新，他们不喜欢被过度控制。管理者应该给予他们更多的自由和信任。

不重视00后的及时反馈：00后习惯于实时的反馈和互动。管理者应该提供及时、明确和建设性的反馈。

忽视其工作与生活的平衡：00后更加重视工作与生活的平衡。管理者应该提供更加灵活的工作时间和福利。

局限于单一的激励方式：00后有着多元化的价值观和需求，单一的激励方式可能不适用于他们。管理者应该提供多种激励方式。

忽视工作中的培训和发展：00后重视个人成长，他们希望在工作中不断学习和进步。企业应该提供充足的培训和发展机会。

给00后过度的压力和期望：虽然00后愿意接受挑战，但过度的压力和期望可能会导致他们感到挫败。管理者应该为他们设定合理的期望，并给予必要的支持。

工作与生活的平衡：00后真的是"躺平"代表吗？

管理者有责任去努力理解新一代的员工。我有幸与人力资源领域的资深专家张晓彤老师交流，她有一个观点："管理谁就应该调查谁。"十几年前，她为了深入了解90后，从发布网络问卷到深入街巷实地采访，都进行了尝试。如今，90后也步入管理者的岗位，面对新的一代——00后，也应为他

第一章
00后管理难：员工不听话，老板怎么办？

们描绘画像。但尝试者很快就意识到，愿意去工厂里的00后与准备考研的00后，他们的需求和期望是如此的不同。

然而，我们确实听到了许多00后的真实声音。

对于那些刚刚步入职场的大学生，他们表示自己不愿意加入工作的"卷"系列，但同样也不愿意"佛系躺平"，因此他们自称为"45度青年"——既不完全"卷"，也不完全"躺平"。他们觉得，即使全力以赴，也难以满足社会对他们的期望，而他们也不想完全放弃，因为他们不想过上"三和大神"的生活。他们希望用自己赚到的钱去追求生活中的"小确幸"。例如，在小红书上，很多00后分享令人羡慕的旅行经历，却也直言不讳地说他们赚到的钱都用于旅行，因为这是他们目前能够获得的最大的快乐。

当然，对于00后的定义并不是绝对的，会随着越来越多的00后加入职场而改变，可能只有等到00后成为新一代的管理者之后，才会最终形成一些新的理解。正如作者李翔在《详谈：00后》一书中写道，关于00后的调查显示，对于工作，他们首先考虑的是薪资，然后才是与自己的兴趣和爱好相关的事情。这让我们无法把整顿职场的00后和愿意为五斗米折腰的00后等同起来。某些00后表示，只要加班费足够高也是可以加班的，这结果令人吃惊。不过就"加班费足够高"这一项，实际上不同00后就会有不同的意见。

随着社会的快速发展，企业对高素质人才的需求也日益增加。在这种背景下，吸引和留住新员工，尤其是新一代的员工，成为企业管理者的首要任务。在过去，企业更多地依赖物质激励来吸引和留住员工。但现在，随着社会消费结构的变化和新一代员工价值观的转变，企业需要在物质和精神上都为员工提供价值。

00后是充满活力和创意的一代。他们的思维方式和行为模式可能与传统有所不同，但这正是他们的魅力所在。作为企业的一部分，我们应该尊重和理解他们，与他们共同创造一个更加多元、和谐的未来。

> **参考资料**

《00后员工工作调查问卷》

前言：

亲爱的朋友您好，这是一份关于00后员工工作方面的调查问卷，可能会占用您30分钟左右的时间。调查的结果会转发给您，同时调查结果也会作为培训课程的实际案例。您不必留下自己和公司的全名，如果您不愿意的话。除此之外，其他的信息请务必属实，尤其是工作中的具体事例。

问卷完成后请发至：×××。衷心感谢您的投入。如果可以将该问卷转发给您认识的00后员工，请他们也协助完成此问卷，则是对我们工作更大的帮助，谢谢！

基本信息

姓名（网名、昵称均可）：　　　　　　性别：

年龄（请填写真实出生年月）：　　　　工作所在地：

参加工作的时间：　　　　　　　　　　现任职位：

公司的企业类型（如国营、民营、合资、外资等）：

公司规模(目前大概多少人)：

公司所处行业（如房地产、通信、教育等）：

您的联系方式（如果您愿意接收调查结果或者接受进一步访谈的话）：

正式问卷

1.您刚开始工作时，发现工作给您带来的最大成就感是什么？

2.您开始工作后，发现工作给您带来的最大的心理落差是什么？

3.您的直接上司做过最让您满意的事情是什么？（请尽量详细描写事实）

4.您的直接上司做过最让您不满的事情是什么？（请尽量详细描写事实）

5.您最接受不了的同事的性格是什么样的？

第一章
00后管理难：员工不听话，老板怎么办？

6.您最希望领导用什么样的方式和您共事？（如怎么派活、怎么表扬、怎么批评等）

7.您曾经有过没有工作热情的时候吗？如果有过，可能是什么具体原因造成的？

8.目前为止，工作中压力最大的一件事情是什么？您采取了什么解压措施？结果怎样？

9.作为00后的员工，您如何评价90后员工？您如何评价90后以及更年长的员工？（注意：此处指的是同事，而非领导）

10.您选择工作时所看重的因素：

这部分列出了人们在选择工作时通常会考虑的9种因素：

①工资高、福利好　　　　　　②工作环境(物质方面)舒适

③人际关系良好　　　　　　　④工作稳定有保障

⑤能提供较好的受教育机会　　⑥有较高的社会地位

⑦工作不太紧张、外部压力少　⑧能充分发挥自己的能力特长

⑨社会需要与社会贡献大

现在请根据您的真实价值观，在其中做出选择：

最重要的一个因素：　　　　　次重要的一个因素：

最不重要的一个因素：　　　　次不重要的一个因素：

选答题（如果您认为不方便，可以不回答）

1.下班后您经常的消遣是什么？

2.您经常去的三个网站分别是什么？

3.您目前下班后会进行自我充电吗，比如正在看跟工作相关的书，正在考证等？（请具体列出）

结束语：谢谢您的合作！希望这份调查能给公司和管理者更多的了解您的思想和具体看法的机会，从而更好地和您合作，一起逐梦，真正地实现员工和公司共赢。

第二章

招募你的团队，聚集新生代员工

CHAPTER 2

拒绝加班：新员工全都不差钱？

下班时间，老板堵在了办公室门口："伙伴们，公司接了个大活，需要大家加个班，每个人500元的加班费。"听到这个消息，60后员工表示惊讶："公司加班还给加班费，真好！"70后员工们表示："既然老板都亲自发话了，大家撸起袖子加油干。"80后员工偷笑："行呗，今天不用回家带娃，还能赚个小金库。"90后员工埋头算了算账："这加班费值，可以干！"这时候，一旁角落的00后员工头都不抬地告诉老板："不好意思老板，我要回家遛狗了，我先走了。"

这段场景虽然是个网络段子，但充分展现了不同年龄段员工的加班态度和价值观的差异。很多人认为这是代际差异，但实际上，管理者应避免"妖魔化"00后，这才是团队招募的正确心态。

近年来，"996.ICU"和"007"成为社会热议的话题。"996.ICU"表示从上午9点工作到晚上9点，每周工作6天，直到身体崩溃被送进ICU的工作模式。甚至有企业晒出007的作息时间表，称其为"福报"。这种工作模式起初是在互联网公司中出现，但随后逐渐蔓延到了其他行业。企业为了超越竞争对手，不惜采用更为激进的加班策略，甚至宣扬"5个人的活，3个人完成，发4个人的工资"的工作观念。

00后虽然刚刚步入社会，但他们通过互联网获得了丰富的企业社会经验。当遇到不满意的事情时，他们倾向于直接表达自己的情绪和态度，不愿意妥协和忍受不公平的待遇。这种"工作可以丢，但气不能咽"的态度，实际上是对长时间工作占据生活的问题的反抗。

事实上，并不是00后在整顿职场，是他们将网络上的抱怨和吐槽转化为实际行动，勇于表达自己的意见和立场。随着互联网自媒体的发展，更多的年轻人开始记录和分享职场的不公现象，使这些现象受到了更多人的关注和讨论。

在后疫情时代，职场人的职业观念也发生了变化。2022年《第一财经》杂志的调查显示，超过37%的职场人准备开展副业，还有17.53%的职场人计划长时间休假。这表明人们开始重视个人的发展和生活质量，而不仅仅是工作。

00后员工并不是"刺头"，他们只是更直接地表达自己的想法和需求。实际上，不只是00后，现在很多人都不太愿意长时间加班。有人说，这一代00后就是"不行"。但这种帽子似乎每一代都戴过，每一代人都曾被质疑。时代在变，环境在变，而责怪新一代人似乎成了一种习惯。但真的是00后的问题吗？古人云："仁者如射，射者正己而后发。发而不中，不怨胜己者，反求诸己而已矣。"在责怪新一代之前，我们是否应该先共情曾经被质疑过的"我们"？

当前的新生代员工指的是以00后为主要代表的这一批具有相同求职目标和工作价值观的员工。00后所处的时代环境已经同目前经营管理的企业家成长、创业时代截然不同。新生代员工掌握非常富裕的互联网信息资源，物质条件已经满足生存发展所需，个人意识觉醒，拥有非常强的自我意识。他们不希望成为组织或者团队的附属品，而想要成为"超级个体"，成为组织或者团队的"U盘""插件""小程序"，提供自己的功能和价值，然后华丽转身，继续拥抱属于自己的生活。

00后工作的变化，主要体现在三个方面：

收入的多元化： 新生代员工的收入呈现多样性，工资收入不再是员工收入的唯一来源。随着互联网发展，越来越多的工作开始呈现自由职业化。很多00后在大学时期，已经可以通过直播带货、视频拍摄、电商运营、代写文案、制作PPT等方式获取大量收入，甚至远多于每月实习工资，并且很多新生代员工的家庭情况比过去的候选人更加宽裕，故此单纯的金钱激励提供的动力已不足。

精神价值的追求： 工作除了能带来收入，还能满足新生代员工多种不同的价值需求，如满足员工社交的需要。新生代员工大都是独生子女，生长在421的成长环境，这也导致他们的大部分人际社交依赖于校园环境和互联网环境，新生代员工期待被关注，期待获得领导或权威人士的表扬，期待实现自我价值。

能力提升与成长： 员工除了获得物质与精神激励，还希望在工作中获得成长。新的技术或者学校中学习不到的知识是年轻人的向往，如果在工作中长期从事"无聊"的机械化工作，他们可能会受挫，感觉到自己的时间被浪费等。

所以未来企业招募员工，不仅要考虑可以折算成现金的显性成本，还要关注企业员工的能力成长、工作环境，企业的社会责任，领导的管理风格等，提供"全面薪酬"。

打造雇佣兵团队，聚集新生代员工

在这个时代，00后成为企业关注的焦点。那么，如何真正理解他们，触及他们的内心深处呢？这里应遵循三要三不要的建议：

要一视同仁，不要贴标签： 管理者如果对00后有刻板印象，那么员工的潜力就无法被完全挖掘。因为管理者都不相信自己的下属做得好，不放心，那么员工也无法全身心投入。信任才是团队合作的基石。

要适当变动，不要一成不变： 年轻人充满活力，喜欢尝试新鲜事物。长期的重复会让年轻人失去活力，产生厌恶。如果工作内容单一乏味，不妨组织一些生活化的团队活动，增加团队凝聚力。

要教技术，不要讲道理： 年轻人更看重实际能力，而不是空洞的道理。421的家庭结构，导致00后面对的讲道理的人太多了，道理听多了也就烦了。年轻人最听不进去道理，哪怕是切实中肯，所以让年轻人做事的最好方法就是证明你比他强，展示你的专业能力，带领他们一同成长。

企业招聘与人力资源战略

识别企业是否真的把人才作为战略，只要关注企业的招聘，关注不同管理角色对待招聘的态度。在企业中，招聘是一个人的事，一个部门的事，还是全公司的事？招聘本质上是解决公司对人员的需求。广义的招聘包含招聘、甄选、录用和评估。

企业视角： 将招聘视为全公司的事务，而非仅仅是HR部门的责任。
战略重视： 将人才视为企业最重要的资产，而非仅仅是口头上的说辞。
招聘管理： 企业负责人需要重视招聘管理的价值，理解人才的战略意义，并根据团队的不同阶段来确定人员需求。
HR角色： 设计和实施简单可行的招聘计划，以提高团队的招聘效率。
团队成员： 能自发地对自己身边进行宣传和推荐，这就是一家企业/组织成功的经验。

企业的招聘管理实际上是充分地理解和执行企业长期的人力资源战略，真正把人才视为企业的重要资产进行运营。所谓优秀的招聘，就是建设一套自动化或半自动化的企业人员输送体系，成为企业良性人员循环的一部分。

常见的对于招聘体系的误解

谈招聘先了解"招聘"两个字的含义。将两字拆分开来分析,"招"字的意思是通过公开的方式大声招呼人家、吸引别人到来,简单来说就是引流;"聘"的本义是用、请,有选择与邀请的意思,现在归纳为选与请的含义。

招聘的本质:通过吸引流量达到选与请的一个过程体系。

当前的误区:很多人将重心放在招聘本身,忽视了招聘前的准备阶段,这不能称为一个招聘体系,而更像是简单的人员招募。

1. 招聘管理 ≠ 面试管理

许多人误以为招聘管理仅仅是面试过程。招聘是一个过程,而面试只是一个节点。实际上,招聘涵盖了面试前、中、后的整个流程。面试只是这一过程中的一个环节,它强调的是瞬时的人员评估。单纯地强调面试中的人员素质匹配和面试标准,类似于将招聘与面试画上等号,这是一种对招聘的误解。

2. 招聘管理 ≠ 单纯的招人

真正的招聘管理应该深入企业的人才需求分析中。其目的是优化企业的人才结构,提高人才选拔质量,从而实现企业的长期发展。而许多人过于关注日常的电话沟通、简历筛选和面试数据,却忽略了招聘的真正目的。从哪里找到合适的人才?为什么人才会流失?只有解决这些核心问题,企业才能从持续的招聘困境中解脱出来。

如果我们把企业招聘管理体系比喻成销售,那么一般最简单的体系是这样建立的,分别思考以下六个步骤。

步骤	1	2	3	4	5	6
人力资源	岗位需求……	岗位分析……	渠道宣传……	邀约应聘……	入职协同……	反馈改进……
产品销售	产品订单……	产品分析……	渠道宣传……	邀约销售……	售前售后……	反馈改进……
操作步骤	解决问题……	协调资源……	推广流程……	核心流程……	搞定问题……	优化升级……

图2-1 招聘与销售的类比

产品订单：老板或部门提了产品订单，这个订单是怎么样的？一般需要达成统一。如果有了新的产品，那么就要详细地问清楚需要的是什么。

产品分析：通过了解来的市场需求和企业内部实际可以生产的产品，研发、制订产品的各种特性，如材料标准、产品价格等。

渠道宣传：找到产品的针对性人群，依靠有限的推广经费，选择合适的渠道，尽可能地将产品推广给更多适合的人。

邀约销售：通过邀约或者主动上门的流量，以量化的方式出售产品。

售前售后：最终确定销售，服务好，做好售后的流程，并记录合适信息。

反馈改进：审视整个流程，针对不合理或能提升的内容进行升级迭代。

如果产品本身不好卖，卖不出去，针对渠道的经费增加再多，或者对于销售的投入再大，也是白费劲。如果产品比较优秀，或者比较知名，那么就算渠道推广或者销售力量不充沛，获得的流量依旧非常大。

回到人力资源的流程中，企业招聘管理的六步分别是：

1. 岗位需求

首先要明确公司的实际需求。HR不仅要听取上级或部门经理的需求，还要深入分析这些需求的实际性。例如，针对"增加一个新的岗位"的需求，HR需要分析是否现有人员就可解决工作；针对"销售人员较少，影响销量"的主张，HR需要分析销售业绩与销售人员数量之间的相关性，判断招聘的必要性。明确企业的岗位需求，成为重要的一个环节，但也是众多HR往往选择性忽视的环节。只愿意听从命令，不愿意去思考，这是一个重要问题。

2. 岗位分析

在确认了用人需求后，需要对目标人才群体进行深入了解。除了基本的职位描述、时间等常规信息，还要考虑岗位是否符合市场预期，以及潜在候选人可能来自哪里。这个问题的答案决定了下一环节将渠道资源投放到哪里。做好岗位需求分析和岗位分析后，岗位的价值就明确了。通过优质或者合理的资源吸引人才，解决企业问题，这就是岗位分析需要做的。

3. 渠道宣传

这个环节主要明确人群哪里来的问题。岗位是由学生群体转换，从内部员工选拔，还是需要猎头招聘？这些问题HR需要自己心里有数，需要在渠道投放和使用中计算清楚这笔账，但很多HR在接受招聘任务时没有充分预期。

既然没有计划，那么就谈不上招聘的规划。很多HR会说："目前是小公司，谈不上资源，公司就给我一台电话，从网上筛选简历。"的确，在实操中会遇到这个问题，但你有没有思考过，老板每个月付给你的工资就是一种资源？没有足够的渠道，那么就需要花费更多的时间去弥补。这就是一种资源的投放。

4. 邀约应聘

明确企业情况，通过招聘渠道进行宣传后，收集简历，并且邀候选人进入公司进行面试。

5. 入职协同

面试结束后，招聘并没有结束，还需要HR协助完成员工的入职办理。招聘并不仅仅是找到合适的人，还需要确保他们的顺利入职。HR需要在新

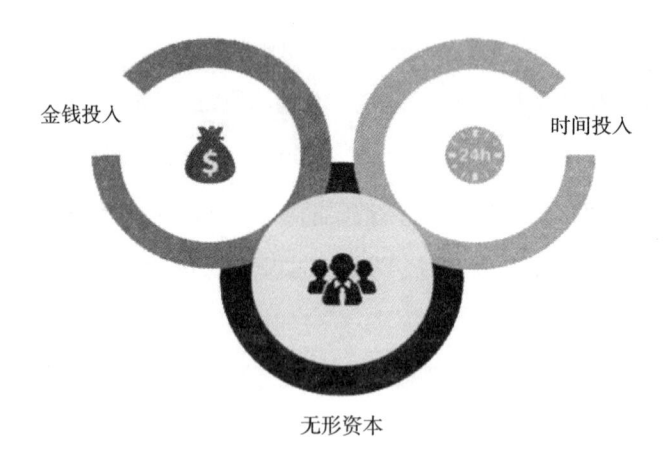

图2-2　企业在招聘中投入的三种资源

员工的试用期内密切关注其表现，并与用人部门保持沟通，确保双方满意。

6.反馈改进

招聘是一个持续优化的过程，需要根据新员工的反馈和实际表现，不断调整和完善招聘流程。这也是一个比较容易忽视的环节。招聘工作需要不断地建立反馈机制，根据人员的情况优化升级自己的岗位，并且优化上述招聘流程和标准。特别是中小企业，如果招聘到一名优秀的人员，那么一定要了解这样的人员是从哪里获取的，分析如何留住和持续获得类似的人员。相对大企业而言，小企业遇上优秀的人员或者有经验的人员，更能提升企业的综合实力，将企业推上新的高度，所以中小企业针对人员的筛选和反馈更为要紧。

平台借势，让校园招聘不再是问题

校园招聘是企业建设和发展团队的重要人才源头之一。不夸张地说，企业能在校园招聘上取得领先优势，就能在人才建设和发展中获得先机。最近几年，人工智能、大数据、脑科学等领域的专业学员还没毕业就被企业一抢而空，而过去热门的会计学、营销学专业的学员却大多面临转专业状况，这也给很多中小团队管理者提出了一个难题：我们如何在学校中找寻专业不对口但是有能力的学生？企业的某些岗位需求可能并未设立相关的专业。当然也有很多企业并不愿意招大学生，而更偏好成熟、有经验的专业人士。针对这些情况同样可以参考校招渠道的建设，迁移到其他招聘渠道建设中来。

企业招聘管理的六步：

岗位需求→岗位分析→渠道宣传→邀约应聘→入职协同→反馈改进

当然，如果一家企业不重视校招，那么企业永远都在缺人。这句名言送给所有忽视校招，或者信奉校招无用论的企业。企业在校招中需要承担的角色越来越丰富，目前常用的校园招聘方式主要有：

○ 积极地参与校园招聘的报名；
○ 在学校进行一些校园宣讲会；
○ 土豪企业花"重金"办校园订单班；
○ 请企业的老总进入学校上专业课、选修课；
○ 校企合作，在校园进行晚会活动、冠名宣传等。

甚至直接建立企业大学的模式也未必称奇，毕竟砸钱这种事情，谁对自己更狠，谁就掌握更多的话语权。谁越敢对传统规则发起挑战，谁就能获得更多流量和目光。

2016年，网易公司发布的招聘之歌《浙江杭州网易互联网招聘了》让当年校招赛场上的其他企业都黯然失色。

不过，奇招之所以称为奇招，就是因为别人都没用过，见得多了也就不奇怪了。现在"大厂"要是不做点H5、抖音招聘，都觉得这些企业HR没干事情一样。在这里介绍一下常规的企业校园招聘方式。

○提炼企业的招聘亮点及岗位价值；
○通过各种方式送达给潜在候选人；
○通过面试锁定候选人并签约入职。

招聘渠道的基础是触达"用户"

校招是招聘渠道之一，要完成的任务就是将企业的招聘信息传递到学校对应的学生中。实际上有三个方面的考量：

○招聘材料是否全方面地覆盖企业的信息；
○针对学生能传递信息的有效时间长度和频次；
○考虑学生是通过何渠道获取这个信息的。

校园招聘，不只是企业选择学生，更是学生选择企业的一个过程。在过去，尽管大部分HR非常愿意参与校园招聘，但一年可能只去一次学校，在招聘现场的300~500家企业中很难脱颖而出。为了更好地展开招聘，一些企业尝试召开企业宣讲会、企业双选会，邀请学员入企参观，以更早、更长效地接触学员。后来，此类投入逐步增加，例如一些企业在学校中设置订单班，参与学校的就业创业课程等。实际上，企业在校园内开课，不仅需要投入大量的人力物力，所能触及的学生面也有限，往往只能在一个班级或者一个学年段的学生中起到宣传作用，这对于企业招聘来说尚显不足。随着校招的"军备竞赛"不断升级，某些企业开始采取设立奖学金和提供活动赞助的方式变相地打企业的广告，以提高企业在学生群中的认知度，而这种方法近来被采纳进火爆的"直播带岗"的招聘模式中。

> "直播带岗"，类似于直播带货，但这里主要是各个企业的HR通过线上的方式不断地和直播间的伙伴介绍企业特点、岗位特点，吸引观看直播的伙伴投递简历。

随着互联网的兴起，越来越多的企业和市级的人力资源保障部门开始采用线上的方式进行岗位宣传，并通过在线发福利的方式，吸引候选人的关注，主要针对的对象就是大学生群体。一般发放的福利有话费、流量券、1元抢饮料等。还有一些学校会有组织地进行直播，并对时长做出规定，类似传统的校园宣讲会。

相比过去的现场招聘会，直播带岗的方式降低了企业的时间成本，并且吸引候选人的范围比较广，但是很多人对直播带岗这一方式比较陌生，并且在线上无法进行更有针对性的沟通也成为缺陷。

量化数据，招聘漏斗模型

校园招聘和企业招聘一样，都存在一个招聘的漏斗模型。简单来说就是，员工从收到企业发出的信息到入职，是一个不断被筛选和淘汰的过程。不同行业和岗位的筛选数据不相同，一般大型国企参考的是60∶20∶10∶5∶1，而销售岗位基本上能做到到面与入职比在3∶1就已经非常不错了。过去企业的招聘数据主要体现为企业获得的简历投递数量，而无法了解究竟有多少人收到信息。

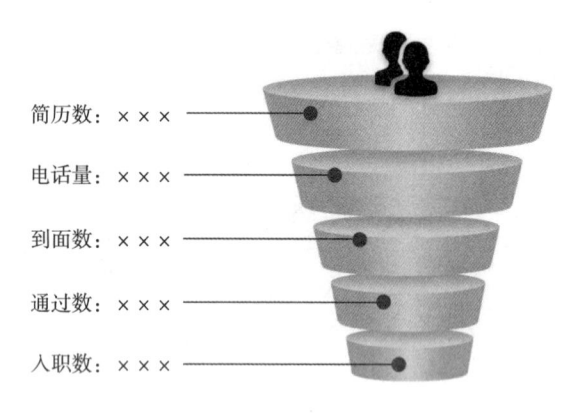

简历数：×××
电话量：×××
到面数：×××
通过数：×××
入职数：×××

图2-3　招聘漏斗模型

以校园招聘为例，在学校张贴海报、悬挂横幅，在班级群通知等方式都无法确认有多少大学生收到相应的招聘信息，所以企业在校园招聘中只能采用疯狂"刷存在感"的方式不断地"打扰"潜在的候选人，殊不知这可能会引起大学生们的反感。而"直播带岗"给我们带来了一种新的数据形式，就是可以收集最直接的数据，如直播观看人数、观看时长等。

> "如果你不能描述，那么你就不能衡量；如果你不能衡量，那么你就不能管理。"——《战略地图》

抖音、小红书、视频号等都提供广告推广的服务，平台可以针对一个地区、一个时段、特定的人群定向投放企业的短视频招聘宣传广告。企业可以根据岗位和需求选择精准投放。例如，在22~24点向某某大学附近的21~23岁人群投放企业的短视频招聘宣传广告。通过观看或关注数据，企业获得反馈，从而完成企业与学生的一次互动。

如果避开主要的推流时间，这种方法实际上还是能获得非常大的宣传收益的。企业还可以结合线上线下的模式，将企业在校宣讲会时间、企业办公环境、住宿环境、过往学长学姐等信息和内容直接推送给候选人，来体现企

表2-1 投放抖音广告的步骤

步骤	内容
第一步	注册抖音账户,并发布相应的招聘广告视频内容
第二步	进入自己账号主页点击发布相应的视频,点击右下角"三个点"
第三步	选择上热门,选择视频播放量或者主页浏览量,并将推广方式选择为自定义推广
第四步	选择投放时长(根据企业经费),选择相对应的标签
第五步	针对企业招聘而言,性别不限,年龄选择18~23岁,地域选择对应大学,兴趣标签选择商业服务—求职招聘/个人创业

图2-4 投放抖音广告

业的核心价值和软实力。至于具体提炼的企业价值、招聘文案和话术可以参考下一章节内容。另外,不同企业的标签不同,可以进行对比测试。

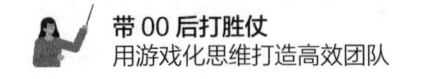

30秒吸引新生代员工的招聘话术

BOSS直聘上有一个专门的空间叫作"仲裁厅",这里收录了非常多被求职者投诉的企业招聘话术,引起讨论与评价。例如:"上来就问薪资的候选人勿扰""想整顿职场的勿扰""岗位备注要笨一点的"等。随着劳动意识的提升,越来越多求职者对于岗位信息中存在的招聘歧视尤为在意,很多面试官因为在招聘面试中的野蛮回复而直接冲上热搜。

在个人看来,很多企业的招聘信息不仅不吸引员工,反而游走在触犯劳动合同法与博人眼球之间,试图用招聘话术的"奇葩"来突出企业的招聘信息,试图让自己的目标候选人察觉,这是不可取也不应当的。

招聘话术只有一个作用,就是让候选人产生投简历的意愿。**你如何向你的候选人介绍你的企业?是否有给他留下深刻印象?**

30秒吸引新生代员工

招聘工作有时候需要通过一两句话成功地引起候选人对你和你公司的兴趣。"30秒吸引新生代员工"这个概念来源于麦肯锡公司所倡导的30秒电梯测试,指的是一个企业的招聘宣传在30秒内为候选人提供可靠有力、便于记忆的"价值主张"。在信息爆炸的时代,注意力资源十分有限,无论是在招聘现场还是直播带岗中,快速地吸引候选人投递简历都显得尤为重要。

招聘话术虽受诟病,但也有其可取之处。企业将常见问题(frequently-asked questions,FAQ)归纳总结,在招聘端口形成标准化的回答,当候选人询问或投递简历时,或者当HR主动出击了解候选人时,这类标准化的招聘话术就能迅速而准确地传达企业的主张。

对于企业的招聘管理而言，招聘话术更像是一家企业精心设计的"营销"文案。我们需要传递企业的理念与发展方向，将招聘岗位介绍和推荐给来往的候选者。正如1983年，乔布斯用一句话打动了当时百事可乐的总裁约翰·斯卡利："你想用余生卖糖水，还是跟着我改变世界？"

候选人越优秀，招聘方越需要使用精心设计的话术与其建立信任关系，哪怕最终无法录用，也能得到候选人的正面评价，可以进一步获得长期的关注甚至人才引荐。这需要招聘面试官的长期努力建设。

招聘话术应该如何设计呢？具体的招聘话术，有三个部分：

○破冰（获取市场注意力）；
○问答（回答关键问题）；
○转化（获得候选人简历）。

招聘官需要为所在企业/团队提供一句话的企业标语。例如：2022年的卡塔尔世界杯上，海信打出"中国第一，世界第二"的标语。很多大企业在撰写招聘标语时同样不遗余力，以下是一些知名的例子。

苹果：致那些有大梦想的人。
高盛：加入行业精英的摇篮，与业界精英同行。
百度：百度的故事，你的新起点。
阿里巴巴：来阿里，选择成长快车道。
小米科技：一群疯狂的人，一群有梦的青年。
滴滴出行：无论你来自何方，滴滴都有一条路等你前行。
安踏体育：一切皆有可能，只要你足够疯狂。
米未传媒：内容创作者的聚集地。

一句强有力的招聘标语，不仅用文案和创意让候选人深深记住企业，还为其说明了企业的人才选择方向。在招聘面试中，我们的招聘标语一般会用于下面这两个场景。

A）第一次线上招聘平台沟通；

B）第一次面对面线下招聘沟通。

现在越来越多的招聘基于线上的文字沟通，招聘双方在获取大量信息后达成进一步沟通意向，才会转为电话邀约。很多时候，甚至直接基于文字沟通就能完成相对应的招聘邀约。

招聘者说的第一句话会起到吸引候选人的作用，因此除了给出强力的标语，我们还需要设计招聘话术。例如招聘中会涉及很多封闭式的问题，招聘者让候选人回答是与否，来完成信息的确认和交互。开放式的问题会让候选人进行太多的思考。举个具体的例子："您好，我是某某企业HR，请问您近期是否有在应聘××岗位"，而不是"您近期在找哪方面工作？"

我们还需要预想候选人会关心的很多常见问题，例如：

1. 薪酬

为了增加企业招聘岗位的吸引力，企业原则上需要给候选人提供一个岗位薪酬。排除岗位薪酬特别低的情况，正常情况我们在招聘中可以使用薪酬范围来回答候选人的问题。例如，某销售岗位的薪资为5—9k，根据候选人的具体情况最终确定薪酬。

2. 员工福利

很多企业对回答福利问题比较头疼，因为企业没有相应的福利设置，而通常我会回答基本的五险一金、法定节假日、员工年休假、病假等福利。这些全部都是劳动合同法规定的福利，但是这些实打实的是企业支出的成本，所以我们需要将这些内容实打实地写下来告诉员工。

3. 企业地址和工作时间

很多企业会存在工作地址偏远、上班时间过长等问题，但这些问题有时是行业通病，有时则是企业自身的状况。例如，房地产行业大部分销售岗位是工作时间较长的，可以如实表达，但是行政岗位通常都是8小时工作制，所以如果有特殊情况就需要和候选人提前沟通，以防在面试中浪费彼此时间。

部分招聘岗位的内容存在不利的信息，应该如何处理，这是我们需要思考和设计的。我们可以在获取简历后进行初步电话沟通，提到一些不利因素，来完成初步筛选工作。

这些是在招聘过程中的常见问题，当然还会有企业特有的很多其他问题，但总归是需要提前根据需求进行针对性的招聘标语和话术设计。

在招聘平台上，个人经常使用的一句话是："您好，我是××企业人力资源总监，公司系在北京发展18年的某某行业细分市场的龙头企业，目前招聘××岗位，如果您合适可以投递一份简历，通过初筛后可以电话联系。"

这里的话术构造有两个技巧：

（1）表达自己是谁，令候选人产生被重视的感觉。候选人通常喜欢企业老板、高层管理者、团队负责人、专业大咖等对他的简历表示赏识。即使你只是一个招聘专员，也可以强调候选人的简历是被部门负责人看中，这会吸引候选人投递简历。当下，新生代求职者对于企业反馈及时，以及招聘者更加耐心和尊重这两个方面也极为看重。很多企业招聘时决策缓慢，不愿意更早地答复员工，这虽然有考查更多候选者以择优录取的考量，但会大大降低候选人的关注度。

（2）尽可能地表达企业隐性信息。某些无法在介绍中凸显的关键信息可以设计到话术里面。例如，很多企业可能并不如大公司有名气，但是实打实发展了很多年，可能是隐形龙头，也可能是某个行业赛道的龙头或者市场前几名，又或者企业有规模优势，有上市、国有、外资等背景，此类信息都可以添加在招聘话术中，更好地给到候选人信息。

> 在BOSS直聘平台，企业方发起沟通后，需要等候选人回复才能索要电话、简历等附件信息，所以通过话术让候选人愿意沟通，这是一个很不错的技巧。

企业招聘就是全面营销

我们把企业招聘类比成一种"企业营销"，正如美国标准石油公司第二任董事长阿基勃特在还是推销员的时候，在每个签名后面都写上"每桶4美元"，招聘者也应该在招聘过程中让企业的营销信息被更多的人看见。未来，企业可能会结合企业的业务不断地拓宽招聘的边界。无论是在竞争对手公司楼下食堂收集名片做吃饭打折的活动，还是在产业园通过滴滴挖人，这些获取人才的方式，成为极其奢侈的营销。

在一般情况下，将招聘信息标准化地输出给每一个适合的候选人是非常重要的。检验话术的最好办法就是做数据对比，查看使用不同的话术收到的反馈。

新生代的求职者希望被"种草"，而不是被企业"洗脑"，这两者最大的差别在于候选人是主动获取还是被动接收想法。未来，企业招聘可能会变成全民"种草"推荐的模式，招聘人才将被提升到一个无时不在、无孔不入的战略新高度。一些企业会架设自己的官方网站，开设官方微信和公众号平台，以多种传播渠道介绍企业的实力，也就是我们说的"秀肌肉"；还有些招聘人员会以优秀的候选人为窗口，通过提供福利（如赠送化妆品、给予内推奖励等）的方式，让候选人主动在朋友圈安利企业信息，帮助精准挖掘人才。此类的招聘"软广告"能够潜移默化地使企业文化深入人心。

真正优秀的人才不会因为HR在招聘信息上耍了一些花招而入职，而只是会看中企业切实发展前景和实力而前来面试。

> 种草，网络流行语，指专门给别人推荐好货以诱人购买的行为，类似"安利"。

从新生代角度思考招聘

如何让新生代求职者感觉被种草，而不是被洗脑呢？我们可能需要优化企业的搜索关键词（SEO）。

对于刚刚走入社会甚至是有2~3年工作经验的求职者来说，虽然大部分企业是陌生的，但并不难获得相关信息。想象一下，当我们接到一个企业邀约，如果对这家企业不熟悉，第一个动作可能就是打开搜索引擎去搜索一下这家企业的相关信息。此时，首先跳出来的企业相关信息会极大地影响我们的后续决策。如前文所述，当前的招聘与营销是相融合的。某些公司建设了企业的官方网站、招聘H5，开设了官方微信和公众号平台，那么这些官方信息在被求职者搜索获知之后，就能够正面地影响求职者的投递热情。在自媒体时代，如果一家企业没有官方媒体，就会"逼迫"求职者挖掘小道消息。例如，我经常会使用"××公司+骗子"或"××企业怎么样"等关键词进行搜索，核实企业是否存在重大的合规性问题。新生代的求职者可能不一定会相信HR的话术，却愿意相信网友发布的相关信息。企业与其花费力气"澄清谣言"，不如申请企业抖音、微博、今日头条等账号，让运营团队协助人力资源开展工作。

当然，如果一家企业并没有相对应的新媒体岗位，也可以让HR或团队负责人在获得授权的情况下，主动地用企业名称注册微博、百度贴吧、知乎、脉脉等"官方账号"来提供企业的客观信息，再邀请同事在账号下面评价,刷刷企业的人气,甚至可以多申请几个号在下面一问一答,营造企业与群众互动的氛围,主动打造企业可被搜索的信息池。

在这个过程中应时刻记住,建立企业信息池的目的是招聘,因此应该留下非常明显的招聘联系方式、企业二维码,从而拓宽企业招聘渠道。

我们要把企业发布的岗位信息理解为一种产品,通过"发布"的方式传达给我们的候选人。那就要考虑招聘周期和招聘的效率。任何招聘标语和话术的最终目的都是获得候选人的简历,永远不要忘记我们要做的事情。在这方面,目前越是大型企业做得越是到位。衡量招聘标语和话术有效性的方法就是看能收到多少简历。这需要我们熟悉岗位的基本要求,了解岗位相关人才有哪些大学专业能输送,以及本地区有多少同行岗位等,并且针对这个岗位候选人分析需求。他最看重的是什么?是薪酬、福利,还是成长、愿景,抑或是氛围、情感、工作环境等,这部分需要我们进行反复的测试。

迎合求职者的心理有时能帮助企业挖掘出沧海遗珠。许多大企业会在发布的岗位信息后放上这么一段话:"即使您认为自己不符合每一项资格,我们也鼓励您申请,并非所有优秀的候选人都能满足列出的每一项资格。研究表明,自认为来自弱势群体的人更容易出现冒名顶替综合征(Impostor Syndrome)并怀疑自己的候选资格,因此我们敦促您不要过早地排除自己,如果您对这项工作感兴趣,请提交申请。"

这会大大增加候选人投递简历的可能性。很多岗位因为各种原因会放开一部分指标来通过面试更多的候选人以调整岗位设置,所以获得更多的简历才是增加团队能力的一个方法。有些招聘者认为简历太多了会增加工作量,而我想表达的是,哪怕职位描述写得再精确,也会有很多不相关的简历投递或者很多简历的意见投递,HR无法避免的工作就是筛选简历,既如此,何不悦纳更多的可能人才呢?

> 冒名顶替综合征（Impostor syndrome）指的是一种心理现象，指的是个人不能内化自己的成就，并且担心自己的成功是由于运气、机遇或误导他人而非实力所致。这种心理状态使个人难以从成功与成就中获得快乐与安慰，并担忧自己的无能和欺骗行为随时会被揭露。

0压力面试也能秒筛新生代候选人

"00后又开始整顿职场了！"我经常听到管理者私下吐槽00后，说他们好似不是来面试的，而是来投资的。上来除了问工资福利，还要咨询企业的发展战略、管理人员的风格、绩效及未能达成的惩处，甚至还要打听公司男女比例、有没有养宠物、需不需要跳广播操等细节。

实际上，00后在面试中表现出来的这些特点，其背后有三个原因：

○ 年轻人的物质条件变好，将企业提供的物质激励视为次要因素，更愿意选择有未来发展空间的企业。所以成长需求可能成为年轻人更为看重的求职需求。

○ 年轻人越来越看重宏大的目标，希望实现马斯洛需求理论中的自我实现。他们各自都在寻找"精神契合"的企业，希望参与到更为有趣味性、有意义的工作中。

○ 年轻人越来越看重体验感。作为"互联网原住民"，他们享受互联网的社群社交感、二次元弹幕吐槽文化，希望参与有趣好玩的工作，而不是固守死板沉闷的环境，最害怕的便是职场的人际冲突，敢于质疑

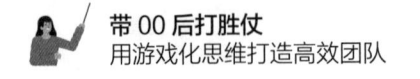

权威。

传统企业应该将上位者的姿态收一收，尊重候选人，主动讲述企业的故事，传播企业的文化，以合作共赢的心态与年轻人共事。企业应提升招聘的体验感，不以面试论英雄，更要注重候选人的整体能力展现。

受诟病的压力面试

"请你介绍一下自己。"这句话经常成为面试开场第一句话，如同面试魔咒一般。多数00后面试者在说完姓甚名谁后，最多增加介绍一下自己的学校和兴趣爱好。对于00后候选人而言，假设有三轮常规面试，那他就会听到三次这个问题，要解释三次，同时，坐在对面的面试官却在抓紧时间阅读简历。这会让候选人感到被冒犯，似乎之前做的介绍都成了无用功。

候选人对企业的第一印象大概率源于面试官。面试官刻意或无意中创设的压力环境会极大地影响候选人对企业的印象以及求职意愿。

面试通常分为结构化面试与半结构化面试，而大部分没有经过系统性培训的面试官只是在闲谈，我们称之为非结构化面试。

结构化面试的问题在前期都已确定下来，面试同一岗位的无论有多少候选人，提问的问题是相同的。而半结构化面试，面试官的可操作空间相对比较大，在面试过程中能调整提问的顺序，甚至增加部分问题，相对灵活。

以上两种面试都相对传统，也符合新生代候选人的面试认知，所以正常情况下压力指数在3星，但很多未经过训练的面试官，会选择压力面试的方式（有意制造紧张，以了解求职者将如何面对工作压力）。

1. 常见的压力面试问题

"我们公司招聘的都是985、211的大学生,你一个双非的大学生,我们为什么要用你?"

"我们公司招聘的都是专业知识扎实的员工,你刚刚毕业能胜任吗?"

使用压力面试,又没有在后续的面试过程中有效地安抚候选人,这导致压力面试常被诟病为职场面试的欺凌现象。一旦无法控制压力面试的过程,就很容易引起候选人的抵触,给企业留下不好的印象。

2. 常见的错误安抚话术

"不要紧张,我们就是随便聊聊。"当你说出不要紧张的时候,候选人就会瞬间状态反弹,所有的状态都是"我没有紧张,不要过度解读我"。

"我们每个人都是这么过来的。"不要说教,不管你的资历有多深,你的故事多精彩,这是在面试,00后的候选人总会觉得你在说教。

上来就亲切称呼。"您好,是小王吧,小王你介绍一下自己。"拜托,你是谁?职场面试需要规范称呼,这不是生硬,而是彼此尊重。除非别人自己说"可以叫我小王",否则称呼某先生、某同学、某职称更为妥当。

3. 正确的安抚

A. 给予微笑;

B. 递上一杯水;

C. 聊聊候选人如何到来的或者任何他应该很熟悉的事物;

D. 告诉候选人你是谁,接下来可能的面试流程等。

> 心法就是,多聊他确定且熟悉的,让他有一定的掌控感。

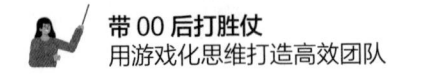

减轻面试压力的技巧案例——换个场景：请你喝杯咖啡

我们经常遇见候选人虽然想骑驴找马，但是处于非常纠结的状态——既希望获取市场的信息，又不愿意给目前从事的企业抓住把柄。他们甚至会觉得主动面试浪费时间精力，从而放弃面试。选择候选人目前公司、住处附近的咖啡馆，在中午休息时间或者下班时间进行约见，一方面体现了企业的诚意，另一方面能降低候选人的戒心。因为处于熟悉的环境中能产生一种掌控感。

在咖啡馆中，面试官与候选人的关系显得更平等了，就像是两个伙伴久违地在一起聊天。作为新时代的面试官，我们选择的方法更多的是为了降低候选人的戒备，从传统面试中选择候选人喜欢的方式。目前很多一线大企业，甚至拥有自己的独立咖啡馆，能在创造良好氛围的同时向候选人展现福利和实力。咖啡馆面试这类方式常用于重要岗位招聘，有时也用在多轮面试的复试环节。

好的面试需要寒暄

熟人见面，用"吃了吗？"寒暄。吃没吃不重要，重要的是带起话题，以展开更多的对话。同样的，面试前也需要寒暄，以带领候选人进入面试状态。常见的问题可以是：

- 关注公司与候选人的关系

"你今天是如何到公司的？来公司方便吗？公司好找吗？公司离你家远吗？"

- 关注候选人对公司的初印象

"刚刚到公司感觉怎么样？这个会议室的椅子舒服吗？茶水烫吗？"

- 关注候选人自身的情况

"你和你的头像看起来有点区别？你是北京大学的学生啊？你是河北人啊？"

这些问题背后也有一定的设计要素，面试官可以借此了解候选人如何安排出行，如何规划自己的时间，通勤距离，以及对公司周边交通情况的了解等。当然，最关键的目的是，**构建一个合适的面试场域，让候选人回到一些习惯性的问题，让候选人放松下来。**

除了寒暄开场，请务必做一个简短的自我介绍。例如："您好，我是王××，我是公司的产品部负责人，你可以叫我王经理，今天我来负责你的面试。"这样就能让候选人进入面试状态。这既是面试的寒暄技巧，也是对于面试者的尊重。

面试需要结构化

开场之后，就需要针对候选人进行有效的提问，让候选人展现真实的自我。

目前市场上较为流行的面试方式是"结构化面试"。什么是结构化面试？就是根据具体的岗位需求，观察这个岗位需要的考核项目，设计出一整套的面试问题，用这套面试问题去提问所有应聘这个岗位的候选人。

这个方法简单好用，降低了对面试官临场应对能力的要求，提升了面试筛选的准确性。在过程中，只要面试的候选人足够多，就可以听到针对同一个问题完全不同的答案。

结构化面试步骤：

确定岗位需求→找到考核要素→设计结构面试题

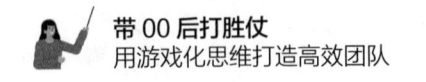

一些中小企业或新晋团队管理者经常在设计面试上犯难。实际上，抓住结构化面试的脉络就能轻松地构建适合自身团队的面试题。

筛选候选人=指标+素质+特质

1. 指标

任何招聘岗位都会有一些硬指标，比如要求有岗位技能、相关资质、一定工龄，有500强企业的服务经验等，还可能有年龄、身高、户籍地等要求。

硬指标是招聘岗位的最低标准，这些内容通常写在招聘的职位描述中。例如，会计工作就需要持证上岗，但至于是初级还是中级，就看企业的需求和岗位吸引力了。

面试官在筛选候选人时，针对这些硬指标，首先需要看简历上是否有写，其次可以通过电话沟通询问，最后将这类要求包装设计成面试题。

2. 素质

素质可以基本概括为能力+品质。每个岗位的工作都分为一系列的职责，而每一个职责又分为不同的任务。这就像是武林秘籍（如太极剑法、降龙十八掌、独孤九剑等），可以分为一系列招式，而每一个招式又分为不同的动作一样。

当然，在工作中，为了完成这些具体的任务，员工需要具备一定的能力，包括沟通能力、学习能力、领导能力、搜索能力、分析能力和归纳能力等。面试官应明确岗位需求的能力，将其分成几个等级并设定相应的参考指标。例如，精密研发类工作通常需要员工具备较强的学习能力和专注力。

考察学习力： 可以提问日常获取信息的手段，询问这个行业最厉害的牛人是谁、有哪些关于这个岗位和工作的专业著作，以此判断候选人是否了解自己的工作，是否深入了解过自己的工作。

考察专注力： 可以让候选人阐述自己的兴趣，了解其对某项自己感兴趣的内容的投入程度，了解候选人如何分配自己的注意力，平时是怎么利用时间的。

品质是指员工是否诚实、敬业、具有责任心和自驱力等。调查表明，敬业并具有责任心的员工会极大地提升企业的绩效，好的领导者需要具备自驱力。

考察敬业度： 可以询问候选人之前工作中遇见的最棘手的事情，让他描述当时出现的问题，以及是如何解决这些问题的，又是什么让他能投入，哪些因素会让他停止这项工作等。

考察责任心： 典型的是询问候选人具体负责过什么项目、工作，请他详细地描述某一具体事项中的工作如何安排，如何配合或获取同事的配合，以及这么做的理由等。

考察自驱力： 判断一个人的自驱力，要了解这个人做事情的动机，包括为什么要应聘这一份工作，这份工作能给他带来什么。面试官要去判断哪些动机是外来的，哪些动机是内在的。

3. 特质

特质泛指候选人独特的东西。比如：与企业文化的契合度、团队的角色分工需求，甚至自带幽默、能喝酒、能陪领导打乒乓球也可能成为特质。在一个团队中，角色包括领导者、追随者、引导者、调停者、联结者、旁观者、对抗者等。

包装你想了解的问题

通过设计面试题，我们拥有了和候选人沟通的一些问题，但是具体的面试沟通一般会进行一些追问。通常HR会使用STAR*面试法，针对候选人的过往经历进行判断。例如，我喜欢用"你觉得在学校中有什么成就值得拿出来在这次面试中讲一讲的？"作为开场，去获取当时的背景信息，然后结合STAR的要素构建以下表单。

表2-2 STAR面试法

背景	在什么时间/地点？处在什么环境？是什么导致这样的情况？
任务	你的团队身份是什么？你需要解决的任务是什么？有哪些是你意料之外的问题？
行动	你做了哪些事情？你当时的状态怎么样？有什么意外和挫折？
结果	最后的结果怎么样？你认为导致这个结果的主要原因是什么？如果重新做一次你会改进哪些内容？

在面试的过程中，00后往往很少主动提供HR想要知道的信息，或者他们也不知道HR需要什么信息、具有什么优势。而面试的时间是有限的，因此HR需要有目的地挖掘信息，用简短、清晰的提问引导候选人将有用的信息一一表述出来。这时候可以采用一些常见的方法，例如：

○请描述过往的一件事或经历过的某个项目。
○当时的背景、形势、时间、地点是怎样的？是什么因素导致这样的情景？
○共同参与的有哪些人？分别扮演什么样的角色？
○需要解决的核心问题是什么？面对的主要任务是什么？
○您当时心中有何感受？你自己的状态怎样？您的主要想法是什么？
○过程中发生了什么？有什么意外吗？
○最后的结果怎样？获得（导致）这样的结果的重要因素是什么？
○如果可以重来，你会如何改善以促使结果更好？

---

* Situation（背景）、Task（任务）、Action（行动）和Result（结果）。

同时，在针对00后的面试沟通中，**我更愿意使用新潮的网络词汇和热门话题来包装自己需要询问的问题**，让候选人回到自然状态，放松心理防备，而我可以从回答中寻找候选人的真实看法。例如，当我问：

"你喜欢的明星塌房了怎么办？"

我能以此求证候选人是否追星，对于过去的喜好是否能割舍，以及在什么情况下他愿意继续支持明星。

做个岗位性格测试

性格测试在求职中同样占据不低的地位。在过去的二十年里，越来越多的企业选择使用性格测试作为了解候选人的方式。

1. 市面上常见的测试

○希波克拉底气质类型测试；

○卡特尔16PF性格测试；

○大五人格测试；

○盖洛普优势测评；

○DISC个性测试；

○霍兰德测试。

就测试结果而言仁者见仁，但是测试的操作简单，一般只需要提前通过链接或招聘平台提供的测试服务来直接确定员工的性格。大部分人很喜欢做测试，00后更喜欢那些差异化的测试题，因为这会显示出其个性。如果测试过于大众化，或者需要测试的时间过长，那么就可能引起候选人的反感。

测试结果除了用于岗位性格匹配，还能作为新生代员工入企后的沟通交流谈资。因此，虽然此类测试存在一定的效度较低的问题，被一些HR诟病，但依然经久不衰。

2. 性格测试的方法

○ 找寻或制作合适的性格测试题目；
○ 在线上收集资料或者线下面试时让候选人进行填写并获得结果；
○ 通过结果对比获取候选人与岗位的匹配程度。

引申案例：寻找你的"相似同伙"

企业管理是一条看不见的线，贯穿着员工从入职到离职的全过程。使用面试中已有的类型，会把候选人从考核状态，转变为测试状态，一方面能降低候选人的抵触心理，另一方面又可以使其快速地进入和了解团队。

我们以蔬菜性格测试为例，假设面试官的性格是一个热情的番茄，那么就可以使用番茄的形象作为自己的标签，在自我介绍的时候就可以增加"我

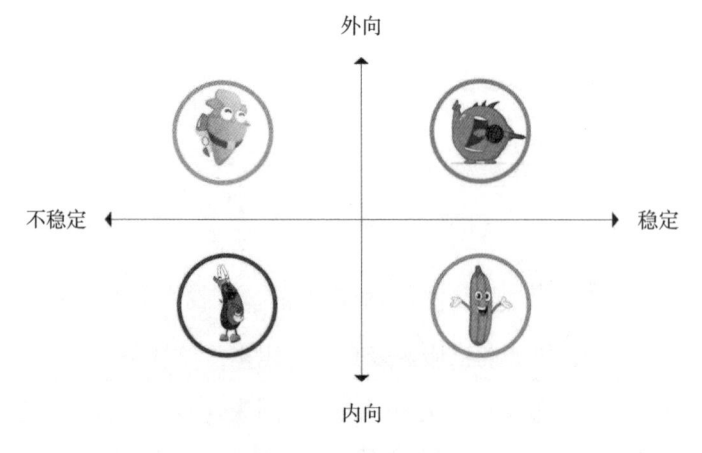

图2-5　蔬菜性格测试

是'番茄'性格"这样的表述。

同样，新人获得测试结果之后，可以在新人入职环节增加性格的解释。企业可以发布了解周边同事的性格等任务，给予员工贴纸或者形象说明，让新员工成功地破冰，找到合适的"同伙"。

00后非常喜欢性格分析，并且他们会使用性格分析的标签来介绍自己和理解他人。例如，他们会称呼自己为"ENFP快乐小狗"或是"ENTP指挥官"，会清楚自己是否适合与"INFP"性格的伙伴做朋友等。性格测试可以成为同事之间的话题，成为00后社交沟通的一种社交货币。

疫情下的视频面试

疫情中，越来越多的候选人提出是否能远程视频面试。作为电话面试的一种补充，视频面试能展现候选人的表情、姿态，避免了前往企业的舟车劳顿，省时省力。

同时，视频面试也能减少HR的接待时间，提升面试效率，降低候选人"放鸽子"的概率。与电话面试相同，在视频面试中候选人随时可以结束面试。

视频面试清单

预约视频面试时间。

面试开始前15分钟，面试官发信息或打电话提醒候选人，同时进行注意事项的提醒。举例：佩戴耳机、调整网络。

面试开始前1~2分钟重新确认即将开始视频面试，确认候选人已经可以接受视频面试，并调整自己的网络与耳机声音。

视频连接后，首先做好自我介绍，同时提示："因为在网络面试，可能出现卡顿或其他问题，如果您没有办法听清楚我的声音，请及时打断并提

人才画像
- 年龄：20~35岁
- 学历：硕士以上
- 专业：会计相关
- 证书：注册会计师
- 经验：2年以上
- 办公/财务软件：熟悉/掌握
- 财务知识：熟悉
- 沟通能力：优秀
- 表达能力：良好
- 关注细节：良好
- 创新能力：死板

实际候选人
- 年龄：27岁
- 学历：大专
- 专业：会计相关
- 证书：会计初级资格证书
- 经验：1年以上
- 办公/财务软件：熟悉/掌握
- 财务知识：熟悉
- 沟通能力：优秀
- 表达能力：表达清晰
- 关注细节：无体现
- 创新能力：无体现

画像标签：个性　品质　价值观　自驱力　职业素养

标签补充：_____

图2-6　面试对照表

醒我，以免浪费您的面试时间。"将可能出现的问题以及处理方法告知候选人，这会体现一名面试官的专业性。

面试中可以根据候选人的具体情况罗列面试对照表，来确定是否符合岗位需求。当然，现场面试中也可以使用这一工具。

结束前感谢对方参与面试，并给予明确的反馈结果期限，或说明可能有1周以上的考量等因素。

优化雇员新导航，拿来即用的SOP

组织或者团队的招聘最终并不是截止在成员招聘到位，而是完成真实的团队转换，让新员工真的加入团队，成为团队的助力。我们可以把每一次岗位招聘的终点当成下一次招聘的起点。获取新员工入职后的反馈就是对团队能量的增强，设计好新员工入职的SOP就是完成招聘管理的反馈闭环。

新员工招募的三级火箭

从新员工招聘到入职转换成团队成员大略分为三个阶段，分别是法律规范、入职培训和融入团队。下面是简易的入职SOP流程图。

企业一级火箭：法律规范

法律法规是劳动者的重要保障，更是企业的重要保障。2008年，为了贯彻实施《中华人民共和国劳动合同法》，国务院发布并施行了《中华人民共和国劳动合同法实施条例》。但此条例施行15年以来，各种劳动争议案例依然屡见不鲜。众多公司甚至未与员工签订劳动合同。个别员工在工作中受挫，于是状告企业双倍赔偿工资，其他的成员也纷纷效仿。这不仅损害了企业的经济效益，更损害了企业的公众形象。

不仅如此，由于缺乏签订劳动合同，学历造假、盗用身份证等钻漏洞之事也频繁发生。企业的发展经营固然最看重业绩，但业绩平稳提升的基础在于拥有安稳的内外部环境，若企业家和团队管理者没有意识到法律法规的重要作用，甚至对团队成员的认知是"虚假"的，那么企业必然面临着极大的风险。

> 企业发放入职通知的时候，可以提供企业的地址、上班时间、员工应当携带的资料等内容。通常建议企业在员工入职第一天就签订劳动合同和其他需要签订的文件，以保证企业运作合乎法律法规，并且能避免其他不必要的风险。

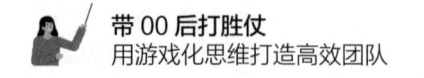

企业二级火箭：入职培训

不同企业提供的入职培训均不相同，没有一个固定的形式和模板，甚至还有企业并没有入职培训。在入职培训阶段，需要让新员工对企业有一个初步的了解和认知，至少了解企业的业务运作流程、企业的领导和基本部门。

虽然不同公司的入职培训流程不同，但其中也有一些共性，在此提供给各位团队负责人一些参考。

通常，这个阶段可以分为三个部分：

HR部门的介绍：包括企业制度、基本信息讲解和企业的发展理念。

部门介绍和技能培训：由用人部门负责，确保员工了解他们的职责和团队的运作方式。

企业高层的介绍：包括企业文化的介绍和新员工的心理关怀。

通常来说，HR除了完成企业的规章制度、流程指引的介绍，还负责介绍员工岗位职责、组织架构，甚至很多企业将发展经营理念和文化愿景的介绍都交由人力资源部门负责。而部门侧重于业务的实施和落地，会完成新人初始化的培训，以及用人部门管理者对于员工的关怀和团队氛围的建设，最后就是企业高层对人才战略的贯彻。

非常多的中小型企业在企业发展早期就对人才发展极为重视，甚至一个基层员工入职都需要由公司老板亲自面试，对员工做识别和判断。入职培训阶段通常是需要考试进行反馈的，企业的很多制度考核、员工文化考核、技能考核等均是设计在这个环节，完成这部分的考核后，员工才算是真实掌握入职企业的应知应会。

当然在这个阶段，企业还应该为新员工提供一本详细的员工手册，讲解企业的规章制度，确保每位员工都已理解并签字确认。

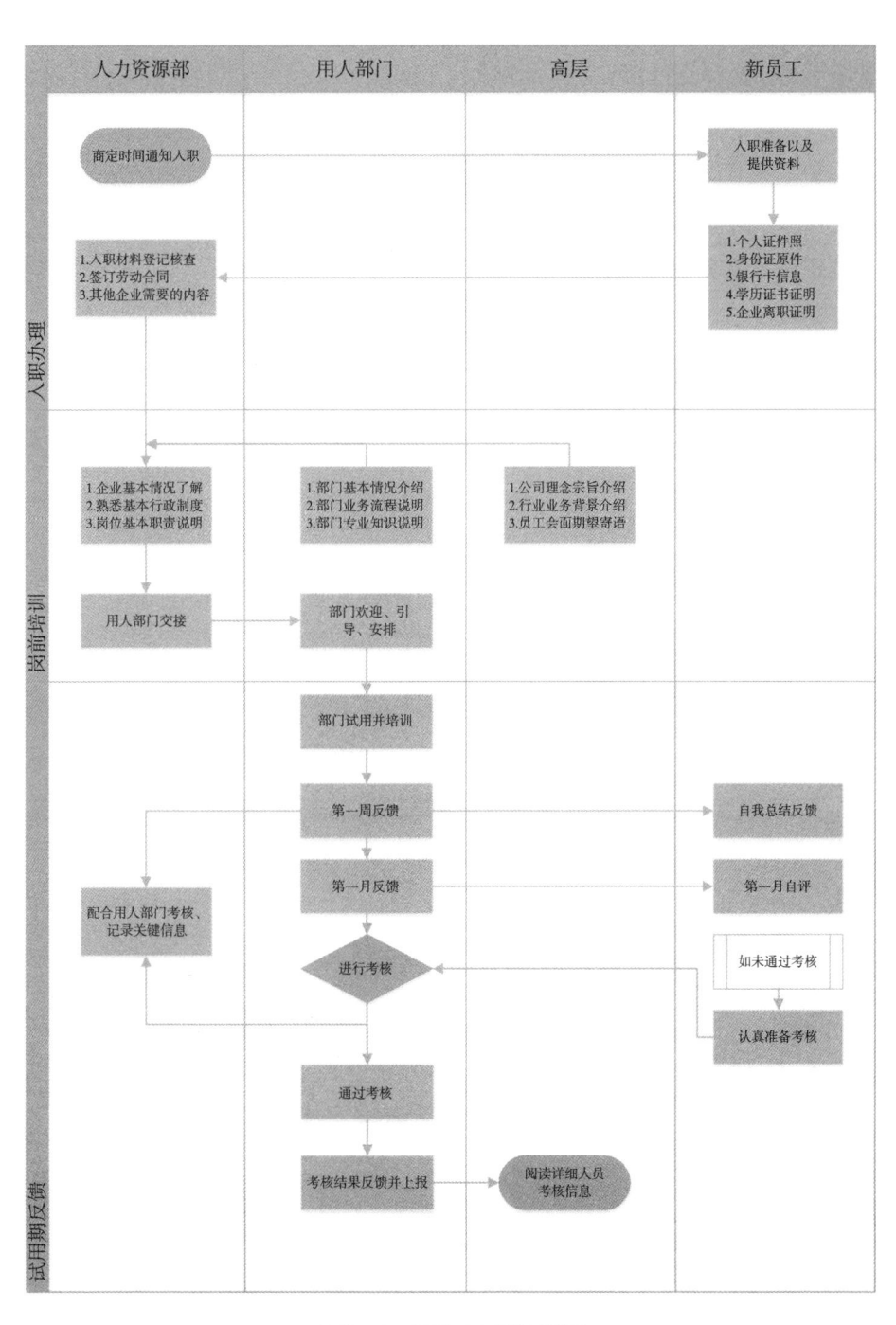

第二章
招募你的团队，聚集新生代员工

	人力资源部	用人部门	高层	新员工
入职办理	商定时间通知入职 →			入职准备以及提供资料
	1.入职材料登记核查 2.签订劳动合同 3.其他企业需要的内容 ←			1.个人证件照 2.身份证原件 3.银行卡信息 4.学历证书证明 5.企业离职证明
岗前培训	1.企业基本情况了解 2.熟悉基本行政制度 3.岗位基本职责说明	1.部门基本情况介绍 2.部门业务流程说明 3.部门专业知识说明	1.公司理念宗旨介绍 2.行业业务背景介绍 3.员工会面期望寄语	
	用人部门交接 →	部门欢迎、引导、安排		
试用期反馈		部门试用并培训		
		第一周反馈 →		自我总结反馈
		第一月反馈 →		第一月自评
	配合用人部门考核、记录关键信息	进行考核 ◇		如未通过考核 认真准备考核
		通过考核		
		考核结果反馈并上报	阅读详细人员考核信息	

图2-7　新员工入职流程图

065

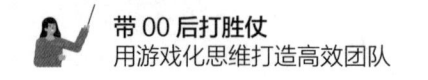

企业的三级火箭：融入团队

这个阶段指的是进入部门后，员工在部门中学习并且快速成长。员工对领导、团队的不满集中发生在这个时间段。为了更好地适应新生代群体，企业需要探索更多的点子。在互联网时代，越来越多的年轻人讨厌粗放式管理，对于00后而言，枯燥死板是企业留人的致命敌人。我经常遇见入职第一天培训了半天企业文化，下午就发呆睡觉，第二天就果断走人的情况。

为了更加符合人性需求，公司可以引入游戏化的规则，来刺激员工融入团队。例如，新员工入职后会由HR发放任务清单，让新员工完成以下任务才能通过转正考核。

表2-3 任务清单

任务名称	分值	完成时间
熟悉两位同事	50	1天
对工作部门熟悉	50	7天
找到所有公司部门主管，做一个简单的自我介绍	50	7天
熟悉钉钉所有流程	50	7天
熟悉公司配套设施的位置	50	7天
发现一处公司问题	20	1月
提出一个意见并完善	30	1月
和一个同事共进午餐或晚餐	50	1月
微信主动添加10个同事微信并且备注	50	3天
新人初始化考试得分	根据成绩0~100	转正前

当然，还可以将冗长的入职须知变成卡通形象的小册子，在其中隐藏彩蛋，完成某些任务会赠送企业定制的杯子、本子、笔之类的礼品。原本可以轻易获得的伴手礼，如今需要通过游戏来获得，这更能令员工珍惜得到的礼品。而使用这一套游戏化的体制，部门管理者和HR能非常动态地在新员工入职的几天中观察其是否能和部门团队互动，以及是否对公司有一定的黏

性。愿意玩游戏的人更愿意进入公司设计的各项通道和专业化学习中。

当有新人入职部门的时候，还可以以新人的名义举办公司下午茶作为欢迎仪式，为新员工提前布置好桌面和电脑，提供特别的企业的见面礼，同时采用一些卡通小卡片来提醒员工一些不良行为，或者提供周边美食指南等促进新员工融入团队。

员工入职反馈与面谈

新员工进入企业，通常在转正前的三个阶段（第7~30天）流失率最大，因为员工会感觉企业的信息与面试时得到的有差异，岗位定位不清晰，与部门领导人产生冲突，或者不习惯工作环境，这些问题都存在于真实入职环境。

最好的了解员工的方式就是定期与员工沟通反馈，通常由HR和部门负责人交替进行。如果公司比较小，企业的高管或者老板也可以加入直接沟通，从而更好地了解员工的情况，达成企业对员工心态变化的了解。以下是新人入职的沟通记录表。

表2-4 沟通记录表

主沟通方		被沟通方	
沟通时间		沟通方式	
沟通主题			
沟通内容（可参考）	1.是否了解所属部门的架构和主要职责？ 2.是否了解自己的工作职责？ 3.是否熟悉公司内环境和各部门位置？ 4.在之后的工作中遇到问题，是否知道寻求帮助的对象？ 5.每周培训，你感觉有什么需要改变的地方？ 6.在今后的工作中，你希望得到什么类型的培训？ 7.对所在部门有没有好的建议？		
备注			

设定员工在试用期期间的一系列考核也是企业与员工的一种互动，是了解员工能力的一种方式，这点也非常重要。

第三章

点亮新生代员工的能力技能树

CHAPTER 3

培训就犯困？你得这么做

企业的入职培训上，新员工一个个低着头玩手机，又或者困意浓浓，有气无力地趴在桌子上，讲师也自顾自地讲述内容……不知道你的企业中新员工入职培训是什么样子的？很多管理者抱怨，现在的新员工不愿意参与培训，更不愿意听过来人的经验分享，感觉自己什么都会，什么都懂，但是遇见一些简单的问题又不愿意主动思考，老想着从别人那边问来现成的答案。在实际工作中，遇见不好完成的任务或者客户刻意刁难，他们马上就心态崩溃。老员工纷纷感觉自己成了人形百度、救火队员，感慨"这届新人太难带"。这可能就是目前职场人员对00后的普遍认知。

调动积极性，做好培训需求调查

新生代员工为什么不愿意参加企业的培训呢？"如何更有效地针对新员工进行培训"成为管理学上的一个热门话题。为解决这两个问题，我们先针对当下企业培训所使用的方式进行了解。

表3-1 企业培训方式及优缺点

培训方法	优点	缺点
讲授法	直接传递知识，简单易行，容易控制培训进度和内容，适用于新员工培训	呈现形式较单一，缺乏互动性，缺乏参与感，容易引起学习疲劳
故事法	生动有趣，易于理解，易于记忆	需要讲解人员具有较高的讲故事技巧，具有一定的讲故事能力，可能不够系统化
图示法	图文并茂，能够帮助学员更好地理解知识	可能存在信息过多、混乱等问题

续表

培训方法	优点	缺点
互动提问	激发学员思考，增强学习效果，提高学员参与感，培养学员思考问题和解决问题的能力	问题质量不好或不合适会影响培训效果，可能导致学员压力过大，需要讲解人员具备良好的引导和支持能力
小组讨论	提高学员参与度和互动性，激发学员思考，促进学员间的交流和合作，能够培养学员团队合作和解决问题的能力	可能存在某些学员不善于表达或者不愿意参与讨论的情况
视频教学	可以通过视听方式，生动形象地展示知识内容，具有强大的表现力	需要花费大量时间和精力制作视频教学资料，不利于及时更新和调整
示范教学	通过实际操作和演示，帮助学员更好地掌握技能和知识	示范者需要具备一定的技能和能力，需要有专业的讲解人员进行现场演示，可能无法满足大规模培训的需求，难以针对不同学员的需求进行个性化教学
案例分析	通过实际案例分析，帮助学员理解实际应用场景，更好地理解和解决问题，培养解决问题的能力	需要有真实的案例作为支撑，可能存在信息不全。案例的选择和设计需要考虑到学员的背景和需求，难以满足个性化需求

针对不同的岗位，企业需要传递不同的知识、技能、态度给员工，为使培训有效，就需要进行培训前期调查。我们称之为企业的培训需求分析，这关乎课程目标、课程内容以及课程呈现方式。例如，培训方需要对岗位进行分析，对员工将会面对的人物和工作进行探究，了解员工未来的发展方向等。具体会用到以下的调查方法：

表3-2　培训需求调查

调查方法	优势	劣势
问卷调查法	便于大规模调查操作，调查费用低	无法确认调查对象的身份信息。取样困难，无法获得足够的样本量
数据实验法	比较直观，真实性高	数据少，获取准确数据的难度高，周期长
面谈访问法	真实度可控，操作性强，便于操作	访谈样本少，无法相对比较。受双方沟通能力限制
直接观察法	实施简便，适用范围广	需要具备一定个人行业经验。对于技术与数据获取有比较高的沉淀
文献调查法	便于获取，时效性高	缺乏企业适用性与针对性。二手信息不直观准确

培训调查的内容无外乎：了解目前已经有的培训内容；了解培训需要达到的目的；了解目前存在的问题和差距。

如果询问学员"你希望从培训中获得什么？"可能你会得到五花八门的答案，但是如果你要求学员把希望培训的内容写下来，那么你可能获得更为准确的信息。第76~77页是个人在企业内部采用的培训调查的问卷案例。

大脑喜欢简单的东西，把复杂的培训简单化

企业培训本质上是面向人的工作，因此企业管理者和培训方应该了解培训对象的心态和心理。在信息爆炸时代，新生代员工不仅面对大量的信息，而且掌握快速获取知识的技术手段，兼之新员工往往刚刚毕业，相比于学习更多的知识，更愿意参与实践，因此他们对知识的渴求远低于过去的员工。如果企业仍然沿用过去课堂教育的方式，不断给新员工讲述理论知识，那么员工犯困是情有可原的。

为了更好地同时满足企业的岗位需求和员工的学习需求，提高培训的效果，除了做好培训需求调查，企业和培训方还需要掌握一定的学习理论和心理学知识。

学习可以比作狩猎，猎人只有将目光锁定在目标上，全神贯注于目标区域，保持注意力的集中，才能捕获猎物。注意是一个筛选机制，它受到动机的驱动，而动机不仅与我们的生物能量有关，也与我们的成长要素、心理诉求相关。因此，在企业培训中，了解每个员工独特的学习目标和学习动机是至关重要的。若培训没有针对性，那么就无法让培训对象满意和投入。

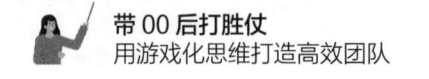

除了注意力，还有许多因素会影响学习结果。我提出了这样一个公式：

学习结果=注意力×记忆×运用×反馈-目标难度×达成路径
　　　-学习环境及其他因素

1. 记忆：刻意练习与技能掌握

认知心理学家米勒发表的文献《神奇的数字7±2：人类信息加工能力的某些局限》告诉我们，人类一次性只能记住5~9个记忆单元（组块），而艾宾浩斯遗忘曲线告诉我们，遗忘的发生是迅速的。这些关于记忆的心理学研究表明，在培训课程中一次性传授大量信息获得的效果可能有限。因此，为了使员工记忆深刻，需要带动员工不断重复学习到的内容，进行刻意练习以至掌握技能。

2. 运用：一万小时定律

通过反复运用学到的知识和技能，当次数足够多时，就能获得相应能力的增长。输出是最好的学习，让员工将学习的知识进行二次分享，或者让员工相互培训，这是企业培训的常用手段。

3. 反馈：强化学习与即时奖励

反馈对于学习至关重要，其底层原理是强化学习。在小鼠实验中，小白鼠通过按压杠杆有一定的概率获得食物奖励。这种不确定的奖赏会促使小白鼠不断按压杠杆，即使奖励的发放已经停止，小白鼠在一段时间内也不会停止尝试。各类游戏就是通过设置即时反馈让玩家不断投入，甚至让玩家在反馈消失后依然保持学习到的行为。针对企业培训，同样可以设置反馈以促使员工不断"按压杠杆"，主动地归纳总结自己的错误，改进自己的学习表现，从而将学习成果保持下去。

4. 目标难度：设定合适的挑战

逮兔子和猎狮子的难度完全不同，能调动的积极性也完全不同。在企业培训中，应针对员工的水平设定合适的目标难度，正确地给新员工设定目标，让学员踮起脚能够得到。

5. 达成路径：适合的方式与工具

面对同样的目标，决定能够达到的不仅有个人的能力，还有能够使用的武器装备和能够寻求帮助的对象。企业管理者或培训方在教授知识、技能给员工的时候，应尽可能地提供详细的步骤，或者一步步引导员工自己想出达成目标的方法。

6. 学习环境及其他因素：霍桑效应

霍桑效应是指被观察者具有由于知道自己成为观察对象而改变行为的倾向。这显示了环境对于学习者的影响效应。除了"被观察"，学习环境中的其他干扰因素，如嘈杂、设备故障、身体出现状况等，也会影响学习效果。为了提高企业培训的效果，培训方应为员工提供良好的学习环境。

参考资料

培训问卷调查表

1. 公司已有的培训课程中，你最喜欢的课程是？＿＿＿＿＿＿＿
2. 公司目前的培训频率是？＿＿＿＿＿＿＿＿＿＿＿＿＿＿＿＿
3. 你希望的培训频率是？一周　　次；一月　　次；一年　　次
4. 过往个人参加公司培训情况。

   □有相关培训一定参加　　　　　□尽量提前安排好工作参加

   □看工作情况，尽量参加　　　　□看工作情况，有空闲才会参加

   □通常没时间参加

5. 你目前的学习状态是？

   □经常主动学习，有计划地持续进行

   □有工作需要的时候才会针对需要学习

   □偶尔会主动学习，但没有计划性，不能坚持

   □有学习的念头或打算，但没时间

   □较少有学习的念头

6. 参加培训的主要目的是？

   □实际工作需要　　　　□对课程的兴趣　　　　□对个人发展的作用

   □有效利用空余时间提高自己　　　□其他

认可培训解决问题	提升业绩	提升管理水平	提升团队协作	了解企业信息
为了企业				
为了成长				

7. 你希望参加的培训时长？＿＿＿＿＿＿＿＿＿＿＿＿＿

   □15分钟的知识点　　　□30分钟的微课　　　□1~2小时专题课

   □半天的实操课　　　　□1天脱产互动课程　　□2天脱产系统课程

8.你认为培训安排在什么时候比较合适？

☐上班期间　　☐下班后　　☐休息日　　☐其他

9.你心目中的理想培训应该是：

☐与部门和公司发展相关的战略性培训　☐产品技术培训　☐制度培训

☐直接针对工作中实际问题的方法培训　☐基础素质的培训　☐其他

10.你在组织本部门员工进行培训时，主要有什么顾虑？

☐耽误工作　　☐培训效果　　☐员工满意度　　☐没有时间

☐不善培训　　☐没有内容　　☐其他

11.你认为哪种培训方法最有效？

☐案例分析　　☐课堂讲授　　☐专题研讨会　　☐团队头脑风暴

☐沙龙座谈会　☐情景模拟实操　　　　　　　☐游戏竞赛活动

☐户外训练　　☐课堂讨论　　☐多媒体视频

☐其他方式_____

12.公司在安排培训时，你倾向于选择哪种类型的讲师？

☐实战技能　　☐理论知识　　☐行业大牛

☐本职专家　　☐其他

13.最近两周同事咨询你最多的几类问题是什么？

14.你最近一周联系同事沟通最多的问题是什么？

经常接触的部门	非常好	比较好	一般	不太好	备注说明

15.你目前最需要的培训内容是什么？你认为公司最适合的培训人员是谁？为什么？（日常管理工作中有哪些经常遇到的问题或困惑，并希望通过培训或讨论来提出解决方案？）

16.你对后续培训工作开展（如培训体系、课程实施、培训费用、培训流程等方面）有何建议？

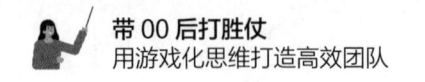

游戏化积分设计，让培训从被动到主动

玩的对立面不是工作，而是抑郁和无聊。

——简·麦戈尼格尔

游戏、培训，二者如何联系在一起？很多管理者听到游戏两个字，脑海中浮现的第一印象就是不务正业。实际上，游戏早已不再是单纯的娱乐方式，它已经成为许多00后的重要精神支柱和生活方式。而企业管理者也正需要重新审视这种心理和行为的转变，将游戏化元素运用到培训中去，使培训从被动变为主动，实现真正意义上的学习效果提升和行为改变。

学员特质与培训分类

不同员工会因为自身的行为偏好，产生不同选择和策略。英国埃塞克斯大学电脑游戏设计专业的荣誉教授理查德·巴特尔（Richard Bartle）在他的论文中根据行为把玩家划分成了四种类型：探险者、社交者、杀戮者、成就者。这代表了不同玩家对游戏的偏好。同样地，培训师也应当给学员进行分类，了解不同员工对培训课程的偏好。

我们根据学员的动机是外在的还是内在的，以及关注的是人还是课程内容两个维度将学员拆分为四个大类。

社交沟通型： 顾名思义这类学员上课主要冲着其他学员、老师、机构、品牌这些学习之外的部分来的。他们热衷于和其他学员搞好关系，把学习当成社交，通过课程完成社交。这类学员非常外向，对于课堂氛围营造非常积极，很适合当"托"。

探险体验型： 这类学员具备非常强的开放性，愿意尝试没有尝试过的新东西，可能参与了非常多的课程，并且与本职业无关。他们非常需要了解新的东西，喜欢用一种探索新事物的角度来上课，非常重视自己的体验感，喜欢参与没有接触过的课程形式，以及关注这些课程是否轻松愉悦。这类学员需要自己内在舒适的环境，所以最好不要给他们太多的压力。

竞争转化型： 这类学员与探险体验者都非常关注自身的成长，但是这类学员非常的务实，他们需要老师提供具体且马上能用的技能，可以学到技能就直接实操。这类学员的特征是非常专业，同时他们希望老师也非常专业，甚至会在课程中对老师发起挑战。

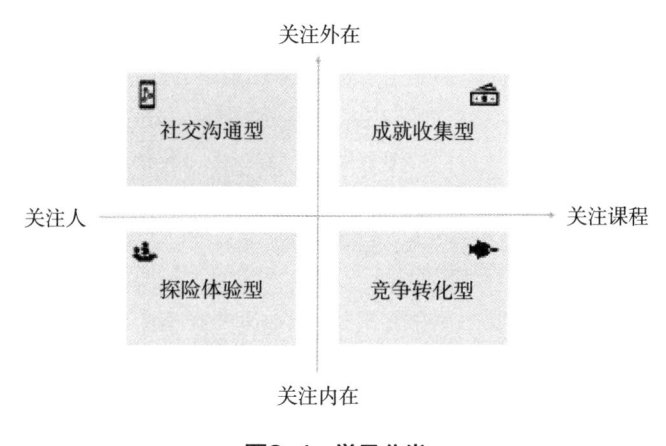

图3-1 学员分类

成就收集型： 这类学员非常喜欢参与课程的囤积和收集，他们最喜欢提的要求就是："老师，课件是否能给？老师，能否添加微信？"但是实际上，他们只想把这些作为课程的纪念品带走。对于这类学员，最好提前准备课程的纪念品，或者多多推荐书单，这会让他们非常喜欢。可以请这一类学员分享他们之前学习相同课程的见闻，这会让社交沟通型、探险体验型的学员也感受到课程物超所值。

培训需求调查和针对学员的分类能让我们更好地了解课程目标以及如何为不同类型的学员提供课程。在教学课程中，我们在收集培训的需求后可以根据不同学员的特征明确地提出课程的目标，这非常重要，因为这会让学员知道"我们来这究竟是做什么的",同时也会时刻提醒自己游戏化课程≠游戏。主要的差异就是我们希望通过游戏来完成教学的目的,而不只是为了好玩。

下表根据员工生长环境的不同,进行简要的分类。

表3-3 不同年代员工的分类

年代	最普遍趋势类型	次普遍趋势类型	主要原因
60后	成就收集型	社交沟通型	生长年代社会环境不太稳定,求稳、求安是当时的共同心理需求,同时思想观念比较传统,重视个人积累,需要权威和社会周边的认可和肯定,因此成就收集型最普遍,同时有一定的社交需求
70后	成就收集型	竞争转化型	生长在改革开放后的时期,社会经济逐渐发展,人们开始注重实际利益和回报,同时随着整体教育水平的提高,个人发展和成就也成为一个重要的追求,强调实际利益和回报,需要有挑战和竞争,同时注重个人成就和发展
80后	竞争转化型	社交沟通型	生长在信息时代,这一代人刚刚经历计划生育变革,身边大部分是伙伴关系。个体独立与团队合作成为这代人的常态,竞争与合作成为当时时代主流,因此竞争转化型和社交沟通型是比较普遍的趋势类型
90后	社交沟通型	探险体验型	生长在互联网和移动互联网兴起的初期,大量新事物和旧事物的变革是这一代人的主流,他们注重团队协作和人际关系的建立,强调自我体验和成长,对新事物和新技术有很强的适应性
00后	探险体验型	社交沟通型	生长在互联网时代,互联网技术已经成熟,大量使用和体验平台,了解的信息非常丰富,不愿意随大流,喜好独特,个性鲜明,注重自我价值实现和创新,善于利用新技术和新媒体,需要有足够的自由度和探索空间

从青铜到王者,打造培训晋级通道

在培训过程中,我们需要激励员工,让员工参与到培训中来,成为企业培训进一步的生产力,但是很多企业管理者往往不重视企业培训,认为企业培训没有作用或者员工培训后也会离职,这导致企业在培训中投入的准备过少,培训最终只是走过场,而这进一步给新员工带来不好的企业培训体验。

第三章 点亮新生代员工的能力技能树

企业培训是企业战略的重要组成部分，只有将培训与企业的发展路径相结合，才能真正吸引员工。为什么员工宁可沉溺于《英雄联盟》等游戏，也不愿意认真赚钱？实际上，游戏的晋级机制给员工提供了非常强的反馈。《英雄联盟》的排位赛段位从坚韧黑铁到最强王者分为9个等级，赢得一场排位赛就能升一个等级。这同时满足了游戏玩家的三个需求，分别是获得某个称号的成就感、通过排名获得竞争的优势，以及在过程中和伙伴的社交。

利用相同的底层逻辑，可以打造新员工培训的SOP，设计相关的通道和积分，让员工清楚地知道自己处于什么阶段，下个阶段需要获得什么。例如：参与企业培训100个课时、自主分享3个课程等。设立一套职业培训规划，让新员工了解不同阶段自己要完成的阶段性目标是什么。

在企业里会有管理层级和技术层级两个阶梯，在培训时可以根据不同阶梯设置相对应的培训要求，让员工通过培训进行晋升。

管理层级：
- 高层：总经理、副总经理、总监
- 中层：部门经理、高级经理
- 主管层：主任、主管
- 基层：××员

技术层级：

等级	说明
A.基本的	熟悉简单工作程序
B.初步业务的	能同时操作多种简单的设备以完成一个工作流程
C.中等业务的	对一些基本的方法和工艺熟练，具有使用专业设备的能力
D.高等业务的	能应用较为复杂的流程和系统，此系统需要应用一些技术知识（非理论性的）
E.基本专门技术	对涉及不同活动的实践相关的技术有相当的理解，或者对科学的理论和原则基本理解
F.熟悉专门技术	通过对某一领域的深入实践而具有相关知识，或者/并且掌握了科学理论
G.精通专门技术	精通理论、原则和综合技术
H.权威专门技术	在综合技术领域成为公认的专家

图3-2　管理层级和技术层级

为什么不能让企业的培训也向游戏看齐呢？我们在培训的过程中使用积分、徽章、排行体系，还给予学员奖品。在每一次企业内部培训中，让学员相互添加微信，彼此暴露个人的喜好，从而互相之间产生社交需求，打造良好的培训环境。

培训积分是量化培训行为、提供培训结果的衡量依据，它可以用于岗位定级，还可以用于兑换企业的奖品。培训排名可以促进员工之间的竞争，可以是课堂之间的竞争，也可以是员工入职到离职之间的竞争，让员工更愿意自发地参与培训，获得培训的奖励，哪怕只是在排名上的鼓励等。

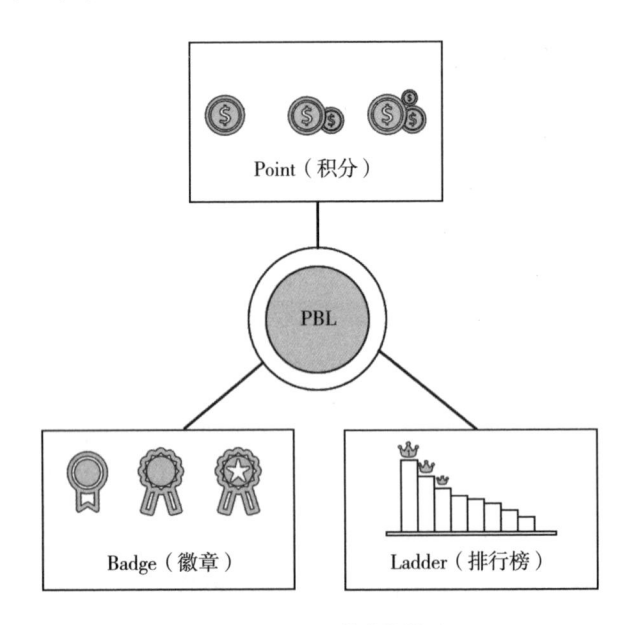

图3-3　PBL游戏化策略

传统公司培训大部分会和钱挂钩，但企业内部的经济激励实际上有限，后来很多公司就将课程开发、课程培训、内部职称/等级、讲师授课都与企业内部积分挂钩。针对员工不愿意参与培训、培训积极性不高的问题，培训的考评分数可以做排名，上课时长可以做排名，也可以给予积分，完成最简单的精神和物质激励，还可以设计每个课程主题的电子徽章或者实体徽章。

第三章 点亮新生代员工的能力技能树

徽章体系可以根据企业的实际需求设计。例如，某些徽章只要员工参与就能获得，某些徽章需要成为排名前1%的优秀员工才能获得。还可以为不同的课程设计不同主题的徽章，促使员工通过参加不同的课程来凑齐徽章；又或者如Keep（线上健身运动软件）一样，为每个阶段的成就提供徽章。

很多管理者会问"这会不会太老土？感觉这些套路员工不会参与"。实际上，这种对奖励的渴求是基于天性的，奖励的本质就是强化学习中的强化物。我们小学的时候还接受过"小红花"训练。当时老师给表现良好的孩子一朵小红花，是表扬和奖励其行为；而企业给予表现良好的员工积分和徽章，也是一种表扬和奖励。奖励的物品虽然变得更有价值、更酷，其核心的价值却是不变的。

图3-4 某00后员工花费重金和精力跑步收集的徽章

用游戏让新生代课堂燃起来

针对00后的企业培训，需要寻找适合他们的教育方式。

培训课程类型与形式

市面上的课程类型
- 微课/系列课
- 实操/训练营
- 分享/教练会

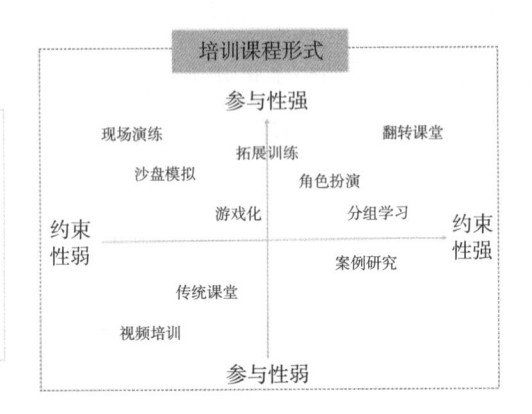

培训课程形式

参与性强：现场演练、拓展训练、翻转课堂、沙盘模拟、角色扮演、游戏化、分组学习、案例研究

约束性弱 ——— 约束性强

参与性弱：传统课堂、视频培训

图3-5　市面上已有的培训形式

在培训课程的呈现形式划分中，我们通过学员的参与性强弱，以及课程对学员的约束性进行划分，游戏化的方式可能是相对最为居中的一种形式。对于00后来说，"剧本杀"游戏更符合他们独立思考、个性化学习和多元文化的需求，同时也能激发他们的好奇心和求知欲。

> "剧本杀"是一种角色扮演推理游戏，起源于西方宴会实况角色扮演"谋杀之谜"。玩家被分配为不同的角色，并根据自己的角色身份进行游戏。游戏通常以一个设定好的故事情节为基础，玩家需要通过互相交流、观察和推理来揭示故事中隐藏的线索，找出谁是罪犯或凶手。玩家需要根据自己的角色特点和线索进行推理，并与其他玩家进行互动，最终揭示真相。"剧本杀"进入中国后引发了大量的创作热情，产生了各式各样的题材，几乎涵盖了全年龄段的群体。现在，"剧本杀"也逐渐被创新使用在培训教育、员工团建、企业文化等工作中。

当有了把游戏化加入培训课程这个想法之后，我们就希望给新生代员工带来不一样的培训体验，让员工更加主动自主地参与到培训中来，而不是企业单方面地刺激员工学习。无论是讲授法、演绎法、图示教学，还是视频教学、头脑风暴、示范教学，都无法替代学员解决真正进入职场环境可能遇见的问题，我们应重新考虑什么样的课程形式才能让学员更好、更直观、更便利地了解职场。游戏是非常好的一种课程设计素材。利用年轻人喜欢的游戏作为引子，把他们需要的知识分装拆解后加入课程，做成裹着糖的企业培训课程。

尽其所能，让更多的玩家待在游戏里

对于大部分游戏设计师而言，他们的核心目标就是玩家有更多的时间花费在他们设计的游戏上，这点与老师对待学生的想法不谋而合。那么为什么不能在现实的课程中加入这些元素，让培训的课程游戏化呢？

游戏化是一种将游戏机制和设计原则应用于非游戏领域的方法。这个概念最早由一名英国程序员于20世纪80年代提出，后经美国游戏设计师简·麦戈尼格尔的TED演讲和书《游戏改变世界》发扬光大。2011年，游戏化这一名词传入中国，被广泛使用。游戏化指的是将游戏设计元素应用于非游戏情境，包括商业、教育领域。简单来说，就是将某些非游戏的活动或体验，设计成具有游戏性质的形式，以吸引用户的兴趣和参与，从而达到某种目的。游戏化有三个底层原则：有明确的目标、任务与终止条件；有明确的规则和边界；玩家自愿参与。

关于游戏的最早文字记载出现在希罗多德的《历史》中。据记载，小亚细亚的吕底亚人为了抵御大饥荒带来的饥饿感，发明了骰子、抓子儿、球等常见的游戏。一整天地玩游戏，吕底亚人得以暂时地放下对食物的渴求。由此可以看出游戏对人的巨大影响力。我们为什么不使用游戏来解决一些其他

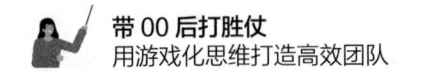

的现实问题呢？

新东方教育集团创始人俞敏洪具有非常敏锐的商业嗅觉，他将小学生遇见的鸡兔同笼、注水排水、流水行船等经典数学应用题做成了桌游，希望让学生通过玩游戏就获得知识。同样，我们也希望能将企业培训课程设计得生动有趣，让员工更多地留在课堂中。

培训案例：采访九宫图

在企业培训课堂中，我会使用非常多的游戏来完成一些基础目标。"采访九宫图"是个人比较喜欢的一种形式。这一游戏源于"井字棋"。在课堂中，学员通过两两分组，相互猜丁壳（石头剪刀布）来进行采访，咨询完答案，让对方在格子中签名，从而完成初步的"破冰"。在企业培训的初期，成员们彼此往往比较陌生，而这种相互采访的形式往往能够快速地让气氛活络起来。具体的采访问题可以根据课堂的实际需要进行修改。

你认为你最大的优点是什么？	你的业余爱好是什么？	你最喜欢看的书名是什么？
你最欣赏哪个名人？	你最喜欢别人称呼你什么？	你最喜欢的电影是什么？
你想从事什么方面工作？	什么会让你有成就感？	你朋友如何评价你？

图3-6 采访九宫图

这个游戏中设置了三个要素：胜负竞争性、即时反馈和问题收集。原本由教师收集的简单信息，现在交由学员相互收集，学员的主动性会被调动起来，收集的速度也会更快。当我们将游戏嵌入课程中时，游戏环境越是嘈杂，学员的积极性越高。由于比赛时间的限制，学员更加专注，在过程中几乎没有学员会盯着手机。而由于游戏具有"收集"性质，哪怕处在下课阶段，有些学员还会主动继续采访，以完成九宫格。

> 游戏化课程可以是一种课程形式，也可以是传统课程中的某一个环节的游戏化。使用游戏的主要目的是让学员尽可能地沉浸在课程中，这也是了解和评估学员的投入程度的最好方式。

构建场景，给别人一个拯救世界的理由

在传统课程中，非常重要的一个环节就是课程导入，我们需要通过了解学员熟悉的内容，去激发学员对于一门学科的喜爱，又或者要通过积分、奖品、现金去激发学员的动机，而游戏化的课程似乎没有这样的问题。

游戏化场景的构建天然地调整了学员的身份认知。比如，游戏可以强行安排玩家处于一个城市战争环境，要求玩家在这样的环境中生存下来；可以安排一只猫头鹰来告诉玩家去上一所魔法学校；可以派一个自称大魔法师的白胡子老头将一枚戒指塞给玩家，让玩家去千里之外的城市冒险……这些故事可以促使一场游戏的发生，同时可以导入一门课程。

在我的"剧本杀"课程中，学员们会扮演死者公司的同事、老板、前台，但从来没有一个同学会神奇地说："我不是老板。我不知道如何当好一个老板。我害怕成为一个老板。"因为我们都知道这是一个游戏。我们让学员扮演角色，让学员收集证据卡牌来了解一件事情的全貌，让学员相互质疑彼此之间的关系，从而引起讨论。

把"剧本杀"游戏融入课程

剧本杀是一种新兴的游戏形式，它结合了游戏、扮演和互动，因其富有趣味性和挑战性，受到了不少年轻人的喜爱。通常情况下，会由一组人扮演

不同的角色，其中有一名玩家会扮演凶手，其他玩家需要通过推理、分析和对话来找出凶手。在过程中，玩家需要大量阅读文字材料，代入某个角色，通过这个角色的行为进行逻辑推理，完成某项任务或者过程中的思考。

这就是传统课程中最希望做到的翻转课堂，而我们现在只是翻转知识交付的顺序，先让学员体验，再提供一些参考答案，而大部分的内容都在学员的角色设计中。游戏化的培训实际上就是一种引导体验式的培训，把课堂还给学员，让学员参与课堂。

对于企业而言，可以将企业过去的企业故事和文化凝结下来的经验写成剧本杀故事。例如，温州皮鞋的"三把火"，可能对于新生代员工来说比较陌生，但是通过还原当时的报纸、影像材料，并且成为过去的商贩角色，就能亲身体验人物情绪，从而了解温州鞋企对于品牌、质量等重视的缘由，减少新员工与企业管理制度的冲突和误解。

游戏化的课堂在试图解决一个问题——学生的主动性差。传统课堂中，坐在教室中的就是学生，而站在台上的就是老师，老师提供学生需要的知识，然后学生通过做题目来巩固，最后老师再提供一些正确答案。在游戏化的课堂中，我们换掉了传统课堂中学员的身份，用更多的事前准备和精心布置的课堂环境告诉学员，"嘿，我们一起玩一场游戏吧"，而不是来一同学习。身份的调整会带来心态上的转变。传统的课堂离真实场景太远了，这使学生对那些知识抱着与自己无关的心态。

试想一下，是我们向学生大讲特讲战争如何残酷，人类应该热爱和平的道理更有用，还是让学生扮演一群战争中的平民，使用智慧收集物资，在饥饿和道德选择中纠结，在遇见暴徒后艰难生存更为直观呢？后者就是《这是我的战争》(This War of Mine) 所设置的游戏背景。

关于环境氛围的营造，其实简单而言就三件事：告诉学员背景故事；让学员清楚他和这个背景有什么关系；让学员真的相信你的设定。游戏化的世界可以让学员不出教室就真实地领略自然风光。B站上一位高中地理老师，面对地理课程中需要实际观察自然地理风光这个课程目标，便用了《塞尔达传说》的游戏画面。东莞一所中学的历史老师为一战构建了一套桌游卡牌，里面包括了第一次世界大战中存在的真实事件和兵器。越来越多的教育工作者使用游戏化的场景来改变枯燥的学习过程。

> 著名的游戏设计师蒙特·库克说过："毕竟，谁想拯救一个没人关心的世界？"作为培训师，我们需要做的就是引导学员进入我们设定好的世界，在这个世界中学习，而不是让他们仅仅作为一个没有关系的观光客。

游戏培训开发的好处

培训开发是一件非常辛苦的工作。我们从众多的机制中选择那些我们最为感兴趣的内容，投入足够多的精力和时间进行研究，从而开发出我们想要的第一堂课。大部分情况下，我们可能还需要借助很多营销的手段推广自己的培训课程。我们来思考游戏化课程带来的好处。

（1）自发的呼朋引伴。我们希望学员觉得课程物超所值，主动拍照上传朋友圈，成为营销人员，从而扩大企业培训影响力，促进企业文化建设与招聘素材的推广。

（2）取之不尽的素材。互联网时代，每一年都会有几十万个游戏被开发，借用众人的智慧，我们能开发出更多更具"成瘾机制"的游戏化课程。

（3）转换学员身份。没有人喜欢枯燥的学习，哪怕作为管理者也一样。而如果转换学员的身份，让学员成为一个"游戏玩家"，主动减轻学员的"人设包袱"，那么学习就会变得有意思起来。

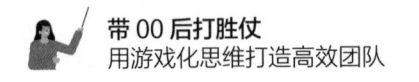

成为培训舞台上的魔术师

在生活中，大家或多或少了解过魔术。实际上，魔术不是神奇的魔法，魔术师所展现出来的神奇现象，大多是基于魔术道具的机关、手法技巧，以及魔术师通过布置、动作和言语对观众进行的注意力引导。当我还是一名小白培训师时，就被告知"要像一名魔术师一样建立好自己的舞台"。可以说，一次良好的培训就像是一台神奇的魔术，培训师应该像魔术师一样细致入微地引导观众的注意力。

> 培训师的第一原则，永远要吸引你的观众。

如果你没有办法吸引观众，那么无论课程内容本身如何，授课效果都是一般的。如果学员总是在刷手机，甚至呼呼大睡，那么就说明培训师没有成功吸引学员的注意力，没有抓住学员的眼球。引导注意力需要注意很多细节，有时仅是领带的颜色就会导致观众失去兴趣，因此成熟的魔术师会考虑到各个方面的内容。

例如，在课程导入、课程实施、课堂练习和课程总结中，学员的学习兴趣与学习难度基本呈现一种反比关系。培训师应该敏锐地感知学员的学习兴趣的变化，调整学习难度和教学方法。

培训课程模块与内容种类的划分

课程导入： 从整场的培训概念而言，就是指一门课程的开场，包括讲师介绍、教学目的，以及引出本次课程的话题；而从课程某一个模块的角度就是完成知识点的衔接，成功地从上一个知识点引导出下一个知识点。

课程实施： 从整体课程的角度是指授课的具体形式，以及不同的课程具体如何教学。

课堂练习： 是指这门课程随堂测试、学员检测的部分。在这个阶段，我们需要帮助学员进行练习、巩固、加深理解，并且根据学员的表现给予反馈。课堂练习可以通过碎片化的方式嵌入每个知识点之后，也可以在总结之前进行复习，还可以通过反复提问的方式来实现。

课程总结： 在整体课程中指的是课程收尾阶段。在这个阶段，我们需要呈现给学员记忆点并号召学员进行新行动与改变。而在课程模块中间，更多的是小结，以及针对每个环节我们需要如何过渡的设计。

培训师需要将各种知识模块不断串联呈现，同时我们需要注意每一个不同课程类型关注的重点的区别。

1. 知识类课程

知识类课程大多是原理输出型的，主要提供的是新的信息和启发，主要交付给学员的是更多的信息，而且还需要让学员愉快地获得信息。学员不会因为学习到更多的知识而获得学习兴趣加分，因此培训师应在培训过程中提供情绪价值，比如用故事引发学员的共鸣，引入金句或者名人名言让学员觉得收获满满。情景与角色带入会让学员获得主动参与性。

2. 技能类课程

与知识类课程正好相反，技能类课程大多是工具实操型课程，其关注点是如何让学员达成目标和结果。所以对这一类课程，培训师更需要关注自己的课程设计是否能达到目标。如果一个技能类课程让学员非常开心，但是最后依然什么都没学会，那么依然会被学员投诉。

3. 态度类课程

这是所有课程中最难的一类。本质上，这类课程是认知改变型课程，通过改变认知才能最终改变学员的具体行为。比如，你可以向学员讲述糖分作

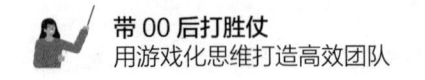

为一种生物能源会引发肥胖，也可以教会学员如何进行投篮，但是很难教会肥胖的学员自己去减肥，因为这需要改变他的认知，从而达成某种行为。

```
  原理输出型           工具实操型           认知改变型
故事+道理+感受       量化+步骤+案例       事迹+奇遇+回顾
```

图3-7　培训课程分类

当然，这三种课程类型会混合在日常的课程中。在课程导入阶段，我们可以采用游戏化的剧情和故事导入，也可以在每个阶段注意带入培训的剧情和人设，让学员感觉自己沉浸在课堂之中。

> 培训师的第二原则，永远准备比观众思考更多的预案。

培训与魔术一样，都是面向人的工作。因此，无论是在线下还是线上的课程中，都会发生非常多的意外，如话筒突然没有声音、没有学员提问、道具突然损坏等。假设魔术师要给观众变一个"猜测幸运色"的魔术，那么观众可能会随机地说出任意一种颜色，为了使魔术不失败，魔术师就需要准备各种各样颜色的卡片。永远准备比观众思考更多的预案，这就是魔术保持神奇的秘密。

在信息时代成长的00后获取了更多的信息，因此针对新生代的企业培训更需要持续升级，给新学员神秘感，给老学员惊喜。培训师要对课程中可能出现的问题做好预案。

这里附上一份培训师课程自检表（小白版）。

课前准备

☐ 现场的PPT显示设备是投影仪还是LED屏？（投影仪用亮色，LED屏用深色）

☐ PPT版本是WPS/Office？（版本号尽量统一）

☐ PPT是否准备好，动画是否播放正常？（动画越少越好）

☐ PPT内容是否已熟悉？

☐ 课程道具是否准备到位？（学员手册、课程用料）

☐ 课程学员的基本风格是否清晰？（年龄段、需求等）

☐ 课程是否需要气氛组？（知悉哪些地方需气氛）

☐ 是否演练，控制整体PPT总时间？

☐ 着装是否准备到位？（有袖、有领）

☐ 是否熟悉现场舞台位置？

☐ 是否准备清凉油、咖啡？

☐ 是否准备课程中使用到的音乐？

☐ 是否有多渠道备份的PPT等电子文件？

现场检查

☐ PPT是否拷贝到工作电脑？

☐ 现场打开PPT检查，画面是否无误？

☐ 现场观看PPT文字是否清晰、反光？

☐ 现场音响、话筒、视频、音频是否能打开？

☐ 课程道具摆放位置是否有误？

☐ 课程演练工具是否准备到位？

课前检查

- ☐ 是否需要专人帮忙点击PPT里的视频？
- ☐ 课程前的音乐是否播放？
- ☐ 学员预期是否一致？（需要课前托可在此刻找）

一个小白培训师站在讲台上，最害怕的莫过于自己讲得不对，或者自己讲的答案有错漏。但是，正因为有这些可能出错的因素，才更加需要做充分的事前准备，好让自己在发生各种问题时都能够有方法应对。对于一位优秀的魔术师来说，从舞台到道具，从练习到预案，他会思考无数种应对方案，会反复地练习。

> 培训师的第三原则，掌握舞台话筒的控制权。

除了事前准备，培训师与魔术师一样，需要通过经验的积累逐渐掌握话术和场面把握能力。出错在所难免，再优秀的魔术师也会马失前蹄，但他不一定会让你看出错误，甚至会把错误掩饰成表演的桥段。以前文提到的"猜测幸运色"魔术为例，魔术师需要在过程中观察观众的表情变化，需要在观众说出"你猜得不对"时做出补救。例如，魔术师会说："这是你排除的颜色。"而当真实答案出现时，魔术师就会说："看，这就是你真正想要的颜色。"

从小白培训师到成熟培训师的跃进，关键就在于体悟到"话筒掌握在自己手中"。一名讲师的最大权威就在于掌控课堂上的话语权。在课程开始之前，你比所有学员都更加熟悉接下来要怎么走。即使在课程中有学员猜测出了你的准备，你也做好了准备，尽可以从容不迫地夸奖一下学员的聪慧，并为课程添加一些新的变化。

拥有话语权，你就能够面对任何课堂"危机"。例如，当在课程中遇见

一名"捣蛋鬼"准备对你的授课内容发起挑战时,你可以这样应对:

○欣然接受,并让大家一起鼓掌鼓励这个学员的发言行为(而非发言内容);
○邀请学员介绍自己(如何称呼、来自何处等),与学员做一些互动,这会使学员失去"匿名性"的保护,从而增加其捣蛋成本;
○接过话题,并将其引向自己准备好的内容。

无论如何,你应该让别人感觉课堂仍然在你的把控之下,甚至这个学员的挑战也是你准备好的一部分。如此,这个学员就不像一个"捣蛋鬼",而像一个"托",他的存在能够更好地展现你的能力,凸显你的授课风格,提供未来的课程改进方向。所以优秀的培训师甚至期待课堂中的"小意外"。小白培训师也不需要害怕课程的发展超乎预料,要拥抱这些不确定性。

关于课堂控场,这里收集了一些个人的方法。

- 调整学员的座位

根据课程需求调整教室的座位。当然,如果情况允许,建议调整为小组式的课堂。同上一些课程,学员多少会相互认识。所以,如果发现一些人非常热闹而另一部分人非常"不善言辞",我们可以尝试在课程的早期或者间歇时段进行座位的调整。调整方法可以采用最简单的1~5报数,然后相同数字的同学坐在一起。

- 调整说话音调与节奏

没有人喜欢一成不变的声音,哪怕是听中央电视台的播音员一直讲上3小时也会出现听觉疲劳。提高和降低音量是一种不错的选择,同时还可以改变说话的节奏,把快节奏的话用非常慢的方式说出来可能也会让学员注意到你的变化。

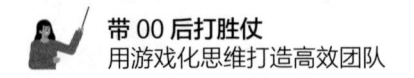

- 走到观众身边

除"汇报式"的培训外，你都可以慢慢地尝试走到学员的跟前，甚至走到教室的最后一排，这样的目的只有一个，就是提醒你的学员跟着你的步伐，顺带照顾一下教室"边疆"的伙伴，让他们也得到培训师的关注。要提醒新手培训师，不要站在一个地方太久了，保持走动能增加你的气场。

- 让学员更多地鼓掌

要掌声是培训师的基本操作，例如培训师常说"此处应当有掌声"。同时，我们还需要更多地鼓励学员彼此提供掌声。每当同学回答问题或者完成某些任务之后，让身边的同学不要吝啬自己的掌声。

- 进行非正式的复习与测验

在课程中，我们会设计好很多练习。测验出现的时机可以是不确定的，随需要添加。这种突然的节奏有时候也会给学员一些刺激。

当你拥有一个舞台，就享受舞台上的每一分钟。利用课程引导和课程设计，通过有趣的动画、好听的音乐，让自己成为舞台声光影的魔术师！

第四章

从游戏学习借鉴新生代管理

CHAPTER 4

抱怨吐槽：重新理解团队负能量

> 与你的团队分享你所知道的一切，他们知道的越多，就会越关注，一旦他们去关注了，就没有什么力量去阻止他们了。
>
> ——山姆·沃尔顿

现代的年轻人经常在工作中吐槽抱怨，列数自己企业的诸多问题，私下议论领导的处事风格。这些行为让管理者非常头疼，常常让管理者认为员工不尊重自己的权威，是在传播负能量。实际上，这是管理者对新生代员工的一种常见的误解。新生代员工爱吐槽，有普遍的心理本质，还有时代状况的加成。

情绪需要抒发

随着通信技术的发展，工作形式变得多样化，工作与生活的界限也变得模糊不清。有些岗位的员工甚至24小时都要接听电话，在家中也要回复工作信息，这使他们日常积累的压力与产生的负面情绪无处发泄，需要借由吐槽的形式得到抒发。

从游戏中借用一种说法叫作"人物状态"，形容新生代员工在工作中的表现，最直接的是"情绪"状态，团队的负能量本质上也是一种能量，正如工作绩效会分为正绩效与负绩效一样，更多的是站在什么角度看待能量，负面情绪如果转换得当就能为管理者所用，成为一种团队的新动能。

新生代员工在过去的互联网的表达习惯发生改变。2009年"哔哩哔哩"

引入"弹幕"这一功能，可以让参与观看视频或者直播的观众一种直接表达当下想法，并且可以把自己的想法及时地同步给其他观看该视频的观众，成为一种二次传播，为视频提供新价值。这与朋友圈点赞、软件差评、表情包文化一样成为一种新生代员工的沟通风格——及时的情绪表达。

进入短视频时代，新生代员工的注意力逐步被网络所瓦解，15秒需要提供痛点、爽点、金句等情绪价值，不得不说现在更需要领导者想出更为直接的方式来评估新生代员工的方法。新生代员工更愿意采用"非正式的情绪表达"来表现自己的态度，使用弹幕式的吐槽，评论耍宝，点赞反馈来满足大脑的兴奋程度。

相较于过往正式、严肃、权威的表达内容，越来越多的年轻人选择简短、富有情绪、有趣幽默的表达方式。2017年，《吐槽大会》带起了新潮的吐槽之风，这种幽默、滑稽、耍宝的娱乐方式立马受到了年轻人的追捧。吐槽能带给年轻人释放情绪压力、参与话题讨论等新方式。

面对"弹幕式"吐槽，越来越多的企业管理者发现，应该选择"堵不如疏"的策略，让年轻人得到充分的情绪表达的权利。为了更好地反馈对于企业目前事情或负面信息的洞察，将新员工的情绪洞察理解成为公司的一种反馈仪表盘。

举办企业内部的吐槽大会，建立企业针对某些案例的吐槽机制，甚至对公司每月、每周发生的行为进行公开的吐槽表态。这是近年企业普遍采用的一种形式，通过正式的邀请让员工来做"正式吐槽"，在过程中就能识别员工的情绪，解决公司的问题，并且进一步地化解员工情绪。

从心理学的角度上讲，当我们书写或者念出自己想吐槽的内容，就可以得到一定程度上情绪的缓解。更何况这种企业召集的"吐槽大会"更像是"非正式"沟通，让员工了解内部发生了什么行为，基于这个行为公司的管理者是如何看待的，涉事员工是如何构思的，让更多的员工参与到行为的讨论成为一种新的机制，类似于社群讨论和判断机制，在"哔哩哔哩"的管理弹幕是否合规，BOSS招聘让HR与候选人都进行对于是否涉及招聘歧视，《王者荣耀》游戏中是否存在玩家恶意捣乱等难以量化的行为都做了充分的讨论，并且针对这些讨论的案例成为培训、教育社区的行为，亦可借鉴到企业的行为管理之中。这给企业管理者提供了一个好的参考范例，就是让群体的价值判断来引导日常生活的指引。现代的年轻人，其实是十分关心工作意义的，他们只是不想接受守旧的、片面的对工作意义的权威解读。所以进行企业内部的吐槽大会、吐槽贴吧等，让年轻的员工能有沟通和发表的通道。并且可以尝试降低新员工的情绪压力，从而降低"情绪温度"修正员工的状态。

在过去只有老板或者企业核心管理者可以评判行为的价值，所以员工总感觉到不公平，而现在更多的团队愿意把一些不重要的事物交由团队自主决定，特别是针对一些无足轻重的小事情，例如领取两只笔也需要走烦琐的申请，公司办公室公共区域的纸巾也要填个人申领等事情，导致事情不论大小均需要协调与领导开会决定，而借用企业内部的吐槽机制，形成组织内部的自修改，形成内部集体参与的文化判断亦是企业重要的工作建设。不同于一般看法，现代年轻人的吐槽不一定都是抵制工作、反抗权威，他们其实是十分关心工作意义的，他们只是不想接受守旧的、片面的对工作意义的解读。

将吐槽转变为反馈

某些企业认为不吐槽的员工才是任劳任怨的好员工，但事实并非如此。压制员工的情绪表达，这种负能量并不会消失，而只会隐藏起来，轻微的抱怨会转化成愤怒，最终累积成更严重的企业管理问题。正如人为控制的放火烧山可以防范山火一样，良好管理的吐槽也可以防止意想不到的团队冲突。

> 牢骚效应：凡是公司中有对工作发牢骚的人，那家公司一定比没有这种人，或者有这种人而把牢骚埋在肚子里的公司要成功得多。人有各种各样的愿望，但真正能达成的为数不多。对那些未能实现的意愿和未能满足的情绪，千万不要压抑，而是要让它们发泄出来，这对人的身心发展和工作效率的提高都非常有利。

管理者应该意识到的是，驱动员工工作的不是指令，不是领导者的权威，而是员工的热情。当员工吐槽的时候，往往是对团队有所不满，这是管理者洞察团队问题的契机。管理者可以选择忽视问题，也可以选择分析抱怨与情绪的来源，建立良好的情绪转化机制，及时地将团队的负面情绪转化为团队前进的新动力。

当管理者本身成为吐槽的对象时，往往难以控制自己的情绪。这时管理者可以运用一定的心理调适方法，如转移注意力、深呼吸等。但是管理者更应该明白的是，成为吐槽的对象正说明惹怒"公牛"的红布正在自己手中。这就要求管理者从员工的吐槽中挖掘出问题的核心。企业中的吐槽有很多情绪化、非客观的话语，管理者在与员工面谈时最重要的就是确认事实，只有了解到真实的情况，才能为企业提供更有效的解决方案。

"领导总是对设计稿不满意，改了n次了，最后又用了初稿。"这是许多设计工作者会吐槽的话，看起来十分能够引起共鸣，实际上还没有客观地陈述事实。领导究竟有几次对设计稿不满意？使用初稿的原因是初稿已经够好，还是没有办法只能使用初稿？

"天天加班，天天加班，头都快秃了。"这也说得不客观，从事实描述的角度来说可以是，从周一加班到了周四，而周五还要加班。

事实描述的方式更加能够让管理者理解员工的处境。管理者需要主动地区分员工吐槽中情绪化的部分和事实性的部分。一个简单的判断方法是看吐槽的话语中是否有"总是""每当""简直""永远""始终"等绝对性的词语，如果有，通常员工提供的就不是客观的信息。

企业一方面要给年轻员工提供自由表达的官方渠道，另一方面也要采用正面引导技术，将负面陈述转化为正面陈述，给予员工积极的暗示。同时，正面陈述还能将员工吐槽抱怨的行为转变为企业需要的改进措施。

表4-1　将负面陈述转化为正面陈述

负面陈述	正面陈述
减少指责其他部门的次数	发现其他部门的长处与优点，增加用正面词汇表扬的次数
消除与其他部门的沟通障碍	坦诚、开放、及时并具建设性地表达彼此间的建议

团队的能量如何识别

美国社会学家阿莉·拉塞尔·霍赫希尔德（Arlie Russell Hochschild）于1983年提出，情绪劳动（emotional labor）是与智力劳动、体力劳动并列的劳动类型，指的是员工在工作时展现某种特定情绪以达到其所在职位工作目标的劳动形式。情绪劳动要消耗一定的心理资源，对工作绩效有一定的影响。例如，客服人员在不断被拒绝，甚至被谩骂后依然要保持克制和微笑。不仅是面对团队外成员，面对领导、同事等内部沟通也会带来情绪压力。为消弭情绪劳动带来的负能量，我们首先要了解团队的特质。

"团队"一词常用于体育运动，本质上就是一群人为了达成某一共同的目标，担负不同的职责、技能、角色，彼此相互合作。团队有正式的，也有非正式的。

在企业中，很多时候会存在团队工作的形式。这些团队从构成开始会经历不同的阶段，我将其分为：破冰阶段、风暴阶段、运作阶段和变革阶段。不同的阶段，团队会展现出不同的特质，并倾向于产生不同的矛盾。这四个阶段的跨度和周期都不固定,并且团队可能会从后面的阶段又跳回到前面的阶段。

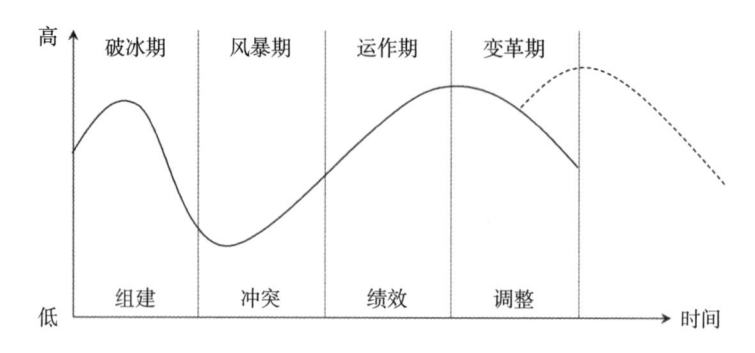

图4-1 团队的四个阶段

1. 破冰阶段

员工在不同管理阶段所面对的情况截然不同,新员工刚刚进入团队或者团队刚刚组建阶段,因为团队成员彼此不熟悉,他们既对团队充满好奇,又希望与成员产生良好的关系,但是与此同时,他们又会担心团队其他成员如何对待自己,焦虑团队的产出与价值是否与自己的期待相匹配等。在这个阶段,团队成员小心翼翼地彼此试探,对于团队的权威与管理者有期望与依赖,期待团队的领导或者管理者能提供支持与帮助。

所以在这个阶段,团队成员的情绪波动主要体现在其他成员是否接纳自己这一担忧上,主要的吐槽对象是团队领导或者名义的管理者,他们的一言一行成为团队成员或者新员工关注的焦点。

管理者在这个阶段最主要的任务是召集团队成员,让更合适的人集中起来,针对团队成员提供必要的团队信息,包括团队的成员、目标、做事风格,打消团队成员彼此的陌生感,澄清彼此之间可能存在的误会。管理者还要做好团队成员对团队的预期管理,提高他们对团队目标的认识,制定团队内部的制度与规范,并从口头与行动上表示对新成员的接纳,或者对新团队的接纳,营造出团队彼此信任的氛围。

2. 风暴阶段

度过破冰阶段，团队成员对团队的认同感会增强，但是为了抢夺团队中的不同角色、权利、资源，彼此的边界产生碰撞，产生一系列的矛盾与冲突。在这个过程中，团队成员彼此之间都在较劲，会产生抗拒与防卫心理，甚至开始挑战管理者权威，认为团队管理者特质与期望不相符。

这个阶段是整个团队氛围最紧张的阶段，员工不只会吐槽，甚至会发生争吵和更为严重的肢体冲突，也可能会产生长时间的"冷战"，团队成员虽然在一个区域工作，但是呈现"老死不相往来"的格局。这时，管理者需要承担起团队协调者的身份，缓解彼此的矛盾，通过制度、行为约束、转移目标、良性竞争等方式让团队成员的关系步入正轨。管理者应用接纳的态度来看待这一必然的阶段，要允许一个团队有冲突，但是不能允许出现纪律性问题和社会伦理道德问题，例如允许团队成员因为事情争吵，但是不能上升到人身攻击层面。

管理者在这个阶段主要做的除了协调团队，还要做到适当控制工作发展的进度。要知道，任何团队的成员之间都会产生摩擦，如果能集中在团队磨合的早期这个时间段爆发，让团队成员彼此了解"底线"，也不失为一种团队默契的提升。有些管理者会刻意地压制团队成员的冲突，导致后续工作开展中仍然会不间断地爆发冲突，这对团队的破坏性是较为重大的。

3. 运作阶段

进入这个阶段标志着团队走向成熟，团队主要的绩效产生在这个阶段。在这个阶段，员工对团队的满意度大幅提升，并且能自主地处理团队中存在的问题。团队成员的角色稳定，彼此之间的亲密度增加，对于团队的目标充满信心与希望，能相互合作、相互支持、相互肯定，提出的建议与计划更加落地也更容易实现。

管理者在这个阶段更多的是充当信息与资源的提供者与链接者，最重要的责任是提供完成事情的方向，提供更多的外部资源给团队成员，并且促进与支持团队成员产生更高的工作绩效，让团队成员发挥优势。管理者还应该引导团队成员自我加强，甚至为未来团队变革储备下新的团队管理者。

在这个阶段，团队成员主要吐槽的是利益分配问题，针对个人的贡献价值与回报在内心开始失衡，希望通过调整或者改变自身的状态来获取更丰富的报酬或者其他资源。在这个阶段，员工虽然有改变的动机，但是又对稳定的现状表示一定程度的满意，无法脱离这个团队。同样在这个阶段，员工会产生对工作的倦怠，因重复工作而产生职业疲倦，出现由情绪劳动引发的心理损耗，官方吐槽渠道的运用主要集中在这个阶段。

4. 变革阶段

团队不会一直存在，也会随着外部环境的调整以及目标的达成而消亡，或者转变。长期处于成熟阶段的团队，随着人员的调整也会进入变革阶段。

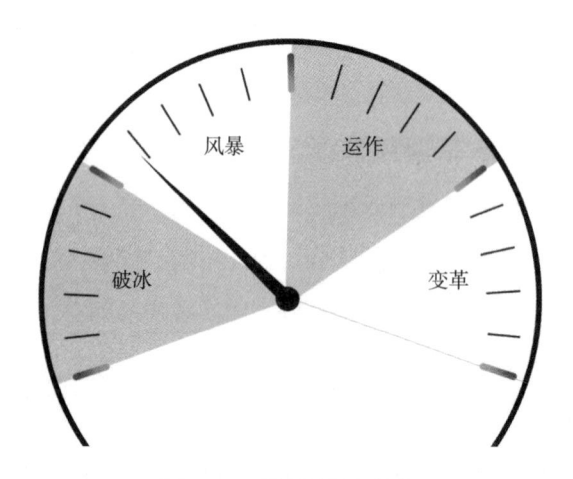

图4-2　团队阶段仪表盘

在团队调整变动时期，管理者最重要的责任是为团队建立预警机制，测试团队是否需要进行变革，扮演好评估者的角色。对于过去团队的评估，以及对于团队成员工作的评价，便于后续企业领导了解过程中产生的业绩水平。例如互联网公司的项目开发完成，或者营销团队中的销售人员区域调动，又或者公司临时完成年会布置等，均可以看作临时团队的工作到期。管理者还需要扮演好引导者的角色，提供给团队成员情绪安慰，处理员工的离愁别绪，组织聚餐和庆功宴等，也可以邀团队成员共同进行户外拓展或者野炊等，认可团队成员对团队的付出。

团队变革未必是解散，也可能是进一步形成新的团队，或者成为固化下来的职能部门或者分支机构。在组建新的团队时，管理者可以在过往成员中进行提拔，调整成员的工作业务。新的团队也会产生新的矛盾，这时候就需要管理者展现较好的管理能力，并且将团队新的目标与使命传达给全体团队成员。

在这个阶段，团队成员主要吐槽的可能是团队优化后的工作分配不公允，或者对于管理者的抱怨。如果没有梳理好团队成员的离愁别绪，成员会对其他人的离开产生较强的失落感，甚至会对离开的成员进行诋毁和诟病。临时团队解散后，成员进入新的团队或者回到原本职能部门，也可能产生落差与比较情绪。

了解完不同阶段的团队情绪，管理者就能识别团队情绪的来源，针对团队在不同时期产生的不同情绪，进行有的放矢的调整。

领导者，亮出鼓舞人心的团队旗帜

你的头衔可以让你成为管理者，但让你成为领导者的是你的员工。

——黛博拉·比昂多利洛

在游戏中，我们常听到"BUFF"这个词，它指的是一种"状态"的提升。状态的好坏直接决定了员工能力的上限和下限。作为企业的领导者，我们可以通过提升自身能力来为员工提供"BUFF"。

曾有一位年轻的同事问我如何才能拥有领导能力。这引发了一个深刻的问题：领导能力是什么？它是职位赋予的权力，还是一种可以培养的技能？我就顺着他的话问："是不是当了领导就一定有领导能力？"他想了想说："不是，因为有些人虽然是领导，但是未必能力比我强。""那领导能力一定要当上领导才能获得吗？"他想了想也觉得不是，但是依然不知道领导能力究竟是什么，感觉自己不是管理者就获取不了领导能力。

实际上，领导者不仅仅是老板或上级，还有那些愿意为某件事负全部责任的人。当你全身心投入一项任务时，你就成了那项任务的领导者。例如，你组织了一个饭局，那么你就是这个饭局的领导者；如果你成功让几个朋友一起完成某项工作，那你就是这项工作的领导者。

但要成为一个真正的领导者，你需要更多：你需要有责任心，有解决问题的方法，还需要具备一些特定的特质和技能。很多新晋管理者过分关注技能和特质的学习，而忽视了责任和解决问题的方法，更有甚者把职位当成了能力，认为只要自己是管理者就有领导别人的能力。这其实是对领导的误解。

关于领导者的两个重要信息，一个好消息和一个坏消息

坏消息是大部分员工都是聪明人，特别是00后这一代员工，他们见多识广，受到良好的素质教育，在互联网影响下对人际关系敏锐，能快速地分辨管理者是否具备领导能力，从而想到应对的办法。

而好消息是领导能力是一种可以后天习得的能力，与人力资源管理技能或者PPT制作技能相似，是能通过练习提高的。如果你希望成为一名领导者，并且开始开展任何关于你自己的工作，那么首先要做的就是盘点自己的梦想三环。

管理学家刘澜认为，领导者应具备四项能力：有想法、有信心、有行动力和能够做出表率。这意味着我们不仅要有一个清晰的愿景，还要有实现它的勇气和能力。当我们准备做一件事的时候，很多人会好奇地询问，"为什么你想做这件事？"每个人给出的缘由都不尽相同。

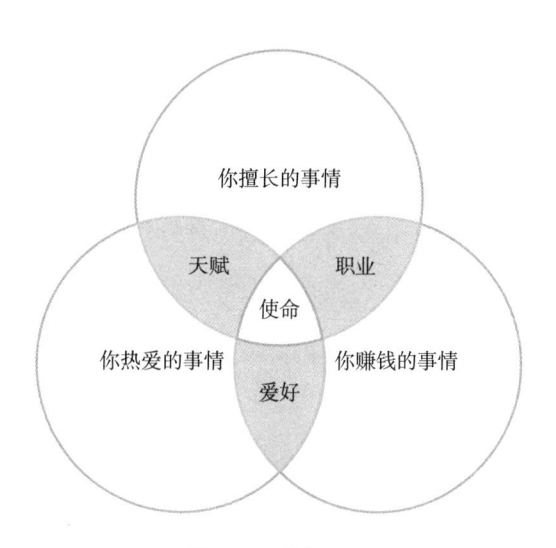

图4-3 梦想三环

作为领导者，应该了解手底下的员工处于何种情况，他来做这份工作、完成这项任务或者参加这次饭局的缘由是什么。没有任何人是凭空出现的，新生代员工也是如此。管理者要考虑新生代员工的成长经历。每个管理者要多想一下：他为什么成为现在的他，是家庭原因、教育原因，还是其他？管理者试图熟悉新生代员工，最好的方式就是了解其成长的环境，挖掘他希望从事这份工作的原因。

根据梦想三环，在理想情况下，一份工作最好同时符合：

○ 你热爱；
○ 你擅长，能发挥你的特长和天赋；
○ 对社会有贡献，能让你获得金钱与社会地位等回报。

领导者首先要明确自己的梦想三环，有信心去找寻自己的使命；其次要有行动力，能够去筛选、培养与自己同频的人；最后要为员工做好表率，使成员的天赋、特长与工作相匹配，带领团队挑战困难，为团队构建"梦想实现的阶梯"。

领导者的最主要职责是提供信心

传统的管理学研究非常喜欢研究领导者的表现形式与特质，试图找寻能复制企业领导者的方法，并尝试界定拥有何种特质的领导者对企业发展起到了关键作用。根据行为特征，领导者能划分为鹰派与鸽派。

表4-2 不同特质的领导者

特点	鹰派领导者	鸽派领导者
战略取向	规划目标，追求高风险、高回报的进攻性策略	创造使命，注重稳定和风险控制的保守策略
团队管理风格	倾向权威型领导，追求团队一致性，干预事务，严格考核	倾向民主型领导，授权下属，灵活考核，追求团队多样性
创新态度	注重颠覆性创新，愿意冒险尝试新的商业模式和技术	注重渐进式创新，在已有框架内进行改进和优化
决策风格	果断直觉，反应迅速，迅速行动	从容应对，审慎重，注重细致考虑和妥善权衡
风险偏好	愿意承担高风险，追求高回报，具有冒险精神	稳重谨慎，注重风险规避和稳健的业务运营
绩效激励	采用强有力的指导和激励，注重短期绩效，确保目标的实现	倾向参与式领导，注重员工合作和自我激励，注重长期绩效和持续的组织稳定发展
处理冲突方式	直接、坚决地处理冲突和挑战	寻求妥协，以和解的方式处理冲突
沟通风格	强调目标导向和竞争，使用直接命令式的沟通方式，强调效率和结果	鼓励员工参与和合作，重视倾听和共识建构，注重员工参与和意见反馈
团队文化	强调竞争和成就导向的文化，注重结果和个人荣誉	强调团队合作和共享导向的文化，注重团队荣誉

鹰派和鸽派的概念常用来描述不同的领导风格和管理方式。鹰派领导者通常采取强势、果断和进攻的风格，而鸽派领导者则更倾向于温和、审慎和防守的方式。尽管鹰派风格长期占据传统管理学的主导地位，但随着时代的变化和商业环境的演变，一些学者开始认为在数字化的VUCA时代（易变、不确定、复杂、模糊），团队应更多地采用鸽派的管理风格来适应这种环

境。这是因为，与强调权威和控制的鹰派风格相比，鸽派风格更注重团队的灵活性和适应性，以及员工的参与和合作。

鸽派管理风格强调团队合作、共识建设和开放沟通，注重员工的参与和发展，以及建立积极的工作氛围。这种风格可以激发团队成员的创造力和创新能力，提高团队的适应性和灵活性，从而更好地应对VUCA环境中的挑战。其中，鸽派风格最重要的方面是它能激励团队并提供信心。

为了实现这一点，领导者不仅需要有自己的使命，还需要找到团队的使命。他们有不可替代的责任，那就是清晰地阐述企业的信念、愿景和目标，从而激发团队的信心和士气。

塑造信念：有些企业更愿意用价值观来形容企业的信念。实际上，企业信念不仅仅是价值观的表述，它更深层次地揭示了企业的存在意义和文化内涵。尤瓦尔·赫拉利在《人类简史》中描述国家与企业都是人类想象的共同体。信念是一种可以被塑造出来的东西，信念给工作注入了意义，意义反过来又带给员工力量、动力和意志。只要更多的人相信这家企业的存在，那么企业似乎就真实存在，否则我们只能称为一群按照规范在一起行动的人。

勾勒愿景：企业家提到最多的词是愿景，愿景是一个团队存在的基础，是企业的未来蓝图，它定义了企业的发展方向和目标样态。企业家用愿景来勾勒企业要成为一家怎么样的企业。例如，埃隆·马斯克要登上火星，这便让非常多聪明人自愿加入这一宏伟计划。一个好的愿景能够吸引更多的人才加入。但愿景不仅仅是口号，它需要管理者的实际行动来实现。管理者不能嘴上挂着愿景，实际却一直远离愿景，这会导致严重的团队背离感。

设定目标：目标是企业的行动指南，每个企业都会设定目标来明确企业想要做什么，可以根据不同的时间周期分为长期、中期、短期目标，也可以根据企业不同层级、不同阶段提出的目标拆分为战略、任务、策略，根据分工的不同还能拆出不同的组织模式与岗位职能。目标的设定应明确每个团队

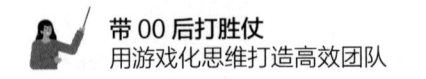

成员的责任和权利，以及如何更高效地实现目标。

在几千年前，人类就借由篝火聚会讲述过去的经历与故事以及未来要做的狩猎计划，并且通过绘制图腾、壁画等方式去传播自己的故事，从而让更多的人认可自己所在的部落，形成强有力的战斗能力。如今，领导者依然要给成员讲好故事，并且将企业的故事植入每个成员的内心。

面对新员工，尤其是新生代员工，领导者经常会遇见挑战。很多00后员工还没有完全理解公司的信息，就认为某一个目标是完全不可能实现的，就开始针对领导者闹情绪或者提出反对意见。例如，公司制定了年度目标，员工认为这个目标完全不可能实现，完全是领导拍脑袋决定的。这时候，领导者不能与员工顶牛，而应该这样做：

1. 给予员工信心

如果领导自己都不相信某个工作目标能够实现，那么员工自然也就完成不了。在电子竞技等游戏中也是如此，逆风翻盘是存在的，但其依靠的是团队成员坚定的意志，有获胜的信心。一旦大家都觉得游戏没有意义继续了，那就真的可能瞬间崩盘，所以关键时候需要领导站出来。2021年1月13日，B站出现了一条名为《一位中国玩家指挥亚服联军的二战故事》的视频。在该视频中，LC苏拉临时接替了掉线玩家的指挥官角色，运用中文、德语和英文，条理清晰地指挥"亚服联军"挽狂澜于既倒，扶大厦之将倾，最终成功地使一场已经快要输掉的比赛逆风翻盘。这个视频展现了一位指挥家优秀的"给予希望"的能力。他给大家一种能赢的希望，并且不断地强化这种希望，甚至使其最终成为员工的信仰。

2. 为员工提供能完成的指令与工作路径

新员工初入职场，对于工作任务大多不是很了解，甚至对于很多团队的常识性内容也没有认知，因此领导者不能只给目标而不给方法。领导者要给予员工希望，但不能盲目自信乐观，要给员工完成目标更为深度的指导，以及相对应的判断标准，要科学有效地将大的目标拆分成员工按照方案真的能完成的计划。同时，领导者还要给予员工行事的原因。完成这个任务能为团队与个人分别带来什么样的好处？身在基础岗位的员工往往难以窥探全局，难以看清工作意义。因此，领导者给予员工工作意义，就能为员工加上意愿的"BUFF"。

3.让员工了解任务的优先级排序和重要程度

即使问题暂时没有解决的方法，领导者也至少可以让员工了解事情的优先级排序和任务的重要程度。先行动起来，那么总会朝着目标前进。只要在过程中每个人真的为了实现目标而进行努力，而不是陷入集体沮丧和对抗，那么团队就未完全被打败。如果真的无法完成，还可以抱着"庆祝失败"的角度来看待过去的经历。

领导者要行动并做出表率

企业故事或者企业文化是一种内在的团队约束规范，无法完全呈现在纸面的员工手册或企业制度中。谷歌、胡庆余堂等知名企业都有自己的行为准则。《冰与火之歌》长篇小说中，每个家族也有自己的"族语"，比如史塔克家族的"凛冬将至"、葛雷乔伊家族的"强取胜于苦耕"、徒利家族的"家族、责任、荣誉"等。这些族语无不体现了每个家族的信条和特质。用一些标识语或准则来凸显企业的独特追求是企业创立之初最需要做的事情。

有很多领导者非常郁闷，"为什么自己和员工苦口婆心说了那么多，但是员工就是听不进去呢？"在人际关系中，相比于听别人如何说，人们更愿意观察别人怎么做。在职场环境中，员工面对领导也采取相同的态度。在企业运作过程中，领导者尽管可以提供自己与团队的"故事"，通过让更多的人相信这个故事而聚集在一起，使企业的存在深入人心，但更需要在关键时刻站出来，采取行动并且做出表率。

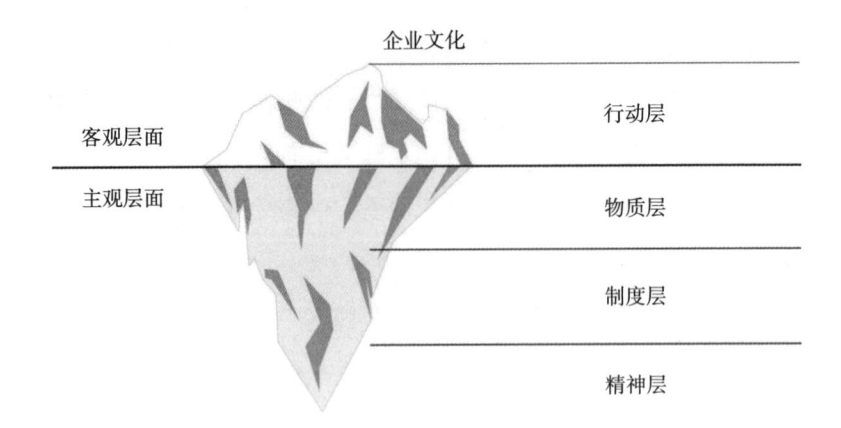

```
                    企业文化
                                    ———————————
                                         行动层
客观层面     ———————————————————————————
主观层面                                 物质层
                                    ———————————
                                         制度层
                                    ———————————
                                         精神层
```

图4-4　企业文化冰山

当企业发展到一定阶段后，谋求利益不再是企业和员工唯一的目标，甚至不再是主要的目标。兰德公司的专家花了20年时间，追踪了500家国际大公司，最终发现，那些百年不衰企业的共同特点就是有超越利润的社会目标。具体来说，他们的价值观遵循以下三条原则：

○人的价值高于物的价值；
○共同价值高于个人价值；
○社会价值高于利润价值，用户价值高于生产价值。

领导者可以通过梦想三环塑造企业追求的目标，也可以了解员工当下想要的价值与期望的未来场景。领导者应与员工形成共识，相互了解彼此的价值追求和喜好，并带头向着目标前行。想让员工相信和认同企业价值，领导必然先成为"信徒"。

有这样一则故事，说一个小镇已经三个月没有下雨，于是群众去请求祭司向上天求雨。在一阵祈祷后，仍然没有下雨，群众于是开始愤怒，想要砸了神像。此时神仙显灵，并对群众说，他并没有感受到祭司祈祷的真心，因此没有降雨。祭司忙说自己是真心祈祷，相信神仙有真本领可以降雨。神仙于是反问:"若是你相信祈祷后会降雨,为何没有带伞?"

企业讲好故事不能只靠口说。过去企业采用把企业文化刷在墙上、带领员工喊口号和考试的方式让员工把企业文化背下来。这些方法实际上会使企业文化与企业实际相脱离。若是领导言行不一,讲述的故事与实际完成的事情差距甚远,更会导致越来越多的人不相信这个故事。企业文化建设应将行动层面和物质层面相结合,固化成制度,影响员工的精神层面。而其中最为重要的就是行动、行动、行动!领导者对企业文化最好的维护就是自己践行企业文化,给员工做出表率。

重新认识企业7种团队角色

上一节详细地讲述了领导者的责任,而一个团队不应该只有领导者,还要有很多团队的成员。任何团队中,团队成员都各自扮演不同的角色,正如《英雄联盟》中会存在法师、射手、战士、打野、辅助这些职位。各个企业都非常注重新员工的培训,希望新员工能尽快地融入团队,承担相应的角色,完成绩效的产出。

在过去企业经营团队角色更多的是使用梅雷迪思·贝尔宾(Meredith R. Belbin Belbin)的团队角色理论。但是如何将团队理论套用给新入职企业的员工,成为管理者思索的一个问题。2022年8月,我和我的团队参加杭州市第四届共创式生涯教育发展课程与项目设计比赛,结合充满不确定性的疫情环境,设计出了一门大学生职场体验课程。在课程中,我们结合新生代学员喜爱的"剧本杀"形式,收集了企业真实发生的案例,把这些案例编辑成一个个好玩、有趣的片段,布置了一个个仿真的现场,让课堂充满各式各样的人物和角色,并给予学员剧本,让他们来扮演职场中不同身份、岗位的人群,引导他们思考不同角色的想法,体验不同人群的冲突。我们让学员置身

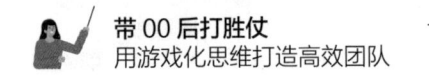

于具体场景中体验不同的故事，让学员感受到具体人物的性格、行为方式。

根据每个角色在实际职能之外的实际公司标签，我们提取出7类角色特质，基于国情标签化出团队的7种角色。这些角色的表现都是极端化的、标签化的，便于新生代员工认识和理解，与现实中的情景并不完全一致。在现实生活中，某个团队成员可能既是领导者又是引导者，还是调停者。

从角色入手了解企业管理

1. 领导者

如何识别领导者？最为简单的方式就是看任务是否由他来发放，考核与奖励是否由他来首肯。对于新员工而言，领导者是非常容易识别的。有些团队开始实行事业部制，形成事实上的多头管理，但是新员工只需要参考"谁给你的本职工作多"这个标准，就能轻易区分出谁是自己的大领导，而其他给你任务的也是你不可得罪的领导。

2. 追随者

追随者是企业领导的死忠粉。读懂领导者的想法是职场生存的重要内容。但领导者的想法常常比较隐蔽，一般员工往往只能获得最表层的信息碎片，而追随者往往能获得更为直接的一手信息。因此，如果希望求证领导者的想法，最好的方式就是识别出团队的追随者。他们的行为就是领导者想法的"翻译"。一般员工如果抱着"不求有功，但求无过"的态度，最好的方式就是模仿追随者。追随者越多，企业内部的一致性越高，越能增强领导者的权威，并且能够更快地形成行动的统一。但是不少追随者缺少独立思考能力，常被人看作"马屁精"。一个团队中，不能仅仅存在支持领导的人，还应该存在提出反对意见的人。追随者也很好识别，只要看看一周中谁和领导沟通得最频繁，或者谁最经常出现在领导身边即可。

3. 引导者

领导下达任务，像是游戏进程的掌控者，而引导者更像是游戏中的新手教程。引导者能够带领新员工上手工作，加速团队新成员的转换，帮助新员工更好地熟悉团队，并且了解团队的基本情况。现在很多企业中流行"教练"这一角色，他能为员工赋能，帮助员工成长。随着员工入职进程的推进，扮演引导者角色的具体人员会发生变化，一开始可能是HR、前台、行政人员，之后可能是部门领导、老员工等。当然，引导者自身的特质会左右团队的方向。如果引导者过于冒险和激进，可能会使团队出现"左倾"特质。而引导者与领导者的意见相左，可能会进一步演化为对抗者。

4. 调停者

有"杠精"并不可怕，当团队从风暴阶段进入运作阶段，冲突能转化为动力。但冲突需要由一些柔和的力量来化解，这正是调停者所做的事情。在团队中，调停者是带来正能量的人。他们一般说话好听、富有感染力，会妥善考量人际关系中的各种因素，还会非常热心肠地给人提供建议和帮助。对于调停者来说，维持企业运行的稳定、同事关系的和谐是他们的职责，他们希望企业的氛围变得平和。一般来说，企业中的调停者是较为年长的女性、HR、行政人员或一些部门的二把手。

5. 联结者

企业中的联结者如同武侠小说《多情剑客无情剑》中的百晓生，是企业信息的汇聚地。个人如何了解一家企业？除了网上搜索，还可以到公司实地考察或者面试。我个人的经验是三看：看前台、看厕所、看水杯。一个企业的前台是企业信息汇聚最多的地方，公司每个人的外卖、快递、进出情况，甚至人际关系，都能从前台处获得。对于员工来说，一些年长的行政人员也常扮演传递八卦的联结者角色。获取和提供更多的信息是联结者在团队中存在的价值。如果你想要某个信息被广泛传播，最好的方式就是识别出团队的联结者，然后跟他说："和你说一个秘密，你别告诉别人……"当然，团队中的联结者很容易识别，去公司茶水间或者午休时人比较多的地方，看看谁聊天聊得最开心就是了。员工可以通过给联结者提供一些小恩小惠来获得好感，从而获得想要的企业管理信息。

6. 旁观者

相对于积极社交、主动伸出触手或收集信息的人，团队中的旁观者只在完成自己的工作。对于新员工来说，他们就像是游戏中的NPC。在新员工看来，这些人不需要通过社交来掌握企业中的近况，也不需要了解领导者的想法。对他们来说，只需要不断地把分配给自己的任务干好即可。他们不愿意主动接触没有业务交集的团队成员，但通常也不拒人于千里之外。如果你给他们必要的尊重，向他们请教，与他们进行专业上的探讨，那么可以非常轻易地获取他们的好感。他们有时甚至是重要职能岗位成员或技术部门的大牛，员工通过联结者获得旁观者的喜好，主动与其接触，也是个不错的选择。

7. 对抗者

很多团队中会专门设置对抗者角色，专职提出反对意见。这会刺激群体对不同意见保持更加开放的态度。虽然不同的声音降低了成员运作的效率，但是在一定程度上保证了团队决策的安全，并且使很多争议的问题能够被放到桌面上解决，以更好地实现团队共识。但在大部分企业中，对抗者并不是直接设立的，他们可能只是与领导利益不一致，对当下情况不认可，或者因暂时性的情绪问题（如在某次会上"丢面子"）而陷入对抗。也就是说，对抗者通常是阶段性存在的，不同的环境会产生不同的对抗者。如果某个人对任何话题都表现出对抗，那他很可能是一名"杠精"。大部分的对抗者具有一种较真精神，并且有一股冲劲，善于以非常规方式解决问题，所以把具有对抗者特质的人用好也是非常有利于公司的未来发展的。

表4-3将以上7种团队角色的别名、角色特征、团队贡献和可能存在的问题罗列出来，可作为参考。

表4-3 团队中的7种角色

角色名称	别名	角色特征	团队的贡献	可能存在的问题
领导者（Leader）	大Boss、魔鬼	提供指导和决策，协调团队成员，推动任务完成和目标实现	领导团队并制定任务目标和策略，确保团队目标的实现，提供资源和支持，确保任务的顺利进行	可能过度控制和指导，缺乏灵活性和开放性，可能忽视成员的参与和创新
追随者（Follower）	马屁精	忠实支持和执行领导者的任务和决策，协助任务完成，维护团队协调与和谐	支持领导者的工作，确保任务的高效完成，维护团队的协调与和谐，展现忠诚和执行力，推动团队发展	可能缺乏独立思考和主动性，难以适应变化和应对挑战
引导者（Guide）	教练/导游	激发团队成员的创新能力和思维，提供创新思维和创意方面的支持，促进变革和发展	激励团队成员参与创新活动，推动团队的创新和变革，提供创新思维和创意方面的支持	可能过于冒险和激进，可能对现有系统和程序产生不满
调停者（Mediator）	和事佬	处理人际关系，减少冲突，促进团队合作与和谐，提供情绪支持	促进团队的合作和沟通，解决冲突，维护团队的和谐氛围，提供情绪支持和调解	不愿意冒险和出风头，可能过于妥协和顺从
联结者（Connector）	八卦/大喇叭/社牛	与团队成员建立联系和互动，促进团队合作和协调，促进信息共享	增强团队凝聚力，促进成员之间的社交互动，促进团队合作和协调，促进团队信息的流动和共享	可能过于关注趣闻，忽视任务的完成和团队的目标，可能引发谣言或矛盾
旁观者（Observer）	NPC/社恐	独立完成个人任务，减少干扰，提供个人任务上的支持和协助，专注于任务	专注于个人任务，减少干扰，有助于成员专注于各自的职责和任务，提供个人任务上的支持和协助	可能缺乏团队协作和主动性，可能对团队目标关注较少
对抗者（Challenger）	杠精/反对者	持有不同观点并挑战现有想法，促进团队进步和创新，引入反对声音	促进团队进步和创新，引入反对声音，对潜在问题保持警觉，推动团队在决策和创意方面更加全面考虑	可能引发冲突和不和谐氛围，过度强调负面影响和抱怨

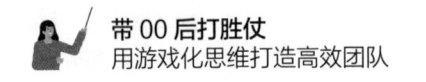

用"剧本杀"让员工快速进入角色

针对00后的企业培训，需要寻找适合他们的教育方式。从枯燥的"读书—做题—考试"的循环中跳脱出来，进入"好玩—有料—尝试"的娱乐模式。游戏化课程形式脱颖而出，它串联员工入职到转正的一系列情境，让一群员工主动地阅读材料，了解自身角色和身份，通过模拟演练、小组沟通、团队破冰等环节充分自发理解不同岗位、角色的价值。例如，让新员工来扮演一名公司部门经理，将这个角色需要处理的事项都展现给员工，让员工可以与上级"换位思考"，同时也能学习企业需要员工了解的相应内容。

对于00后来说，"剧本杀"更符合他们独立思考、个性化学习和多元文化的需求，更能激发他们的好奇心和求知欲。员工通过相互扮演、互动完成整个故事剧情的逻辑推演，找到人物之间的矛盾。因此，在企业培训中，可以考虑采用"剧本杀"这种新颖有趣的方式，来更好地满足00后学员的学习需求。

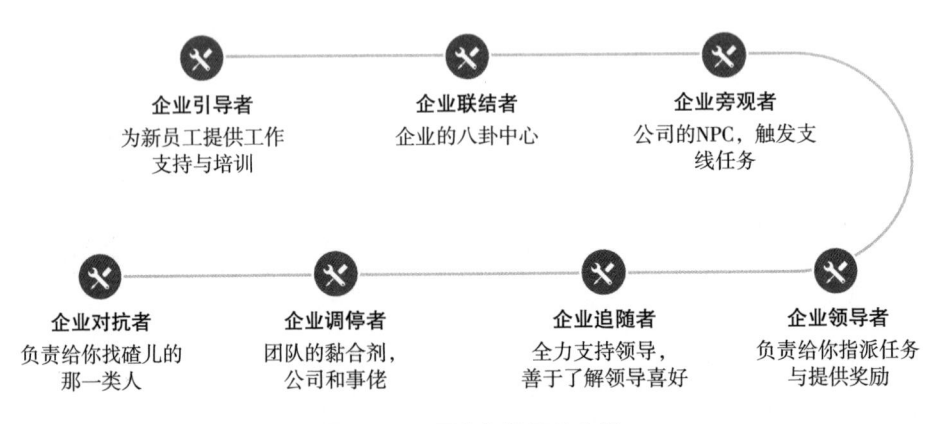

企业引导者
为新员工提供工作支持与培训

企业联结者
企业的八卦中心

企业旁观者
公司的NPC，触发支线任务

企业对抗者
负责给你找碴儿的那一类人

企业调停者
团队的黏合剂，公司和事佬

企业追随者
全力支持领导，善于了解领导喜好

企业领导者
负责给你指派任务与提供奖励

图4-5 不同角色的简单介绍

在培训的课程中，我们会用非常简单的一两句话先让员工了解企业中可能存在的团队角色，并且让员工在进行"剧本杀"故事阅读的时候分辨不同人员扮演的角色分别是什么。这些角色会随着场景不同而不断地发生变化，新员工若能在故事案例里最终找寻到这些角色彼此是什么关系，识别出团队成员的角色身份，那么未来在实际工作中也能了解不同角色的特质，了解应对这些角色的一些方法。

布景命名，让新人沉浸式"工作"

企业管理不应该冷冰冰，而应该具有温度。对00后员工的关怀不仅要体现在口头上，更需要深入员工的内心。具体来说，这包括针对环境进行人性化的营造。

环境的营造不只包括提供设施完备的办公室，还涉及文化与氛围建设。比如，招聘工作是一项"压力山大"的工作，招聘岗位的员工需要得到体谅和支持。我的一位朋友在某知名大厂从事招聘工作，每次发布招聘岗位时，部门都会为他送上一个甜甜圈作为下午茶。甜甜圈对于HR来说有一个特别的含义：公司岗位有个洞，需要你填上。同时，从甜甜圈中间的"大坑"出发，只要你努力，往任何方向都是甜的。一个甜甜圈，既提醒了责任，又给予了鼓励。这样一种轻松的方式，有效地创造了一种提升工作效率的文化氛围。

随着科学技术的发展，工作从体力劳动更多地转变为脑力劳动，劳动密集型创造转变为脑力智力创造。在《心流》中，米哈里·契克森米哈赖提出"心流"这一概念。为员工带来心流体验，能够提升员工的脑力劳动效率。在这种形势下，如何增加员工在有限时间中产出的脑力价值成为新的管理研究课题。

过去的企业管理关注的更多是员工的具体成果产出，而现在转变为提升员工对公司的依赖度，以及提升员工对工作任务的身心投入程度。毕竟脑力工作无法用产出多少代码或者有多少个创意提案来衡量。以招聘工作为例，为HR创造他们喜欢的环境，让HR真正融入团队，他们就会自发地招募合适的伙伴。这正是企业管理希望达到的状态。否则，一般来说企业是无法准确地评估一名HR是否能够为其提供合适的人选的，即使分析，也是事后评估。

企业中的命名

在古代园林建筑中，大到亭台楼阁，小到个人摆件都有别致的名字。而在企业管理过程中，同样有非常多的内容需要取名字，包括奖项、环节、流程、项目等。命名是一种权利。在过去，命名属于一把手工程，管理者通过命名确认自己的权威，如颁发某奖项、批准某项目、建造某大楼等。不仅如此，在命名过程中，命名者还传递了自身的价值观。有时候，以某人的姓名为某种景象、现象、原理命名，显示了对发现者的尊重，如戴明环、霍桑效应、奥卡姆剃刀原理等。

一些企业不够重视其所拥有的命名权。企业管理者常常因为什么取名和如何取名犯难，乃至委托咨询公司或直接挪用他人的命名，这本质上是一种对企业经营不负责的行为。其背后的原因部分在于企业管理者没有意识到姓名的重要价值。

以一个项目为例，当其没有名字时，给人的感觉仅是一件事，因此很容易被理性地搁置。而当被给予名字后，项目就活了起来，参与项目的个体就知道如何向外人介绍这个项目，就会对这个项目逐渐产生感情，感觉这个项目像是自己拟造出来的"孩子"。近些年的企业管理中出现了非常多复杂的名词，如人力资源的六大模块三支柱、营销管理的六脉神剑、团队建设的裸心会等。对于命名者来说，这些名词中蕴含了对所代表内容的归纳概括和价值定位，但对于奉行"拿来主义"的企业管理者来说，这些名词创造的价值已大大降低了。

命名权对于企业来说，可以成为一种福利。新生代员工对企业的依赖程度降低，更具有自我认同感，也更愿意提出自己的建议。在互联网上，他们创建个性签名，愿意以昵称来彰显个性。利用这种心理，管理者不妨在团队内部取名的过程中倾听新生代员工的建议，让员工为企业项目、奖项、标识命名，从而提升员工对企业的认可程度。

这种做法在企业中几乎不会产生物质成本，但是能实打实地带来精神激励。比如，销冠奖可以用每个季度的冠军来命名，企业的新产品可以用产品提出人的名字来命名，企业某个SOP的制定或改进可以用倡议者的名字来命名，等等。这些做法都能增强员工对企业的认可。

沉浸式工作体验的益处

命名的另一个好处是可以给员工带来沉浸式体验，让员工更快地熟悉企业环境，理解工作环境与任务，并且通过角色的名称了解团队成员之间不同的关系。针对比较难理解的工作要求，甚至可以通过动画、视频或模拟情景让员工更好地学习，用更有意义的名字来给新员工标识重点，引发他们的好奇与关注。

"剧本杀"作为一种沉浸式的体验游戏，给玩家提供了一种身临其境的代入感。而在企业管理中，让员工了解企业、熟悉企业，最为关键的就是给员工设计代入感强烈的环境。企业可以通过一系列对于环境和称呼的改变，培养员工的身份认同，使其更好地适应企业，甚至形成对企业的依存。修改名称还能给员工提供精神激励，让员工真正感到能给企业提供价值。

例如，某游戏公司的办公室叫作勇者峡谷，每天产生的任务称为boss或者赏金任务，员工称为××勇士，用"复活泉水"来替代茶水间……又如，会议室改名为"华山之巅"，大家到会议室开会就叫"华山论剑"，主打这个企业对会议要求"快、准、狠"。会议提案有准备、报告有内容的员工称为"提案大侠"，没有什么建设性发言的员工称为"路人甲乙丙"。

通过一系列的名称转换，形成具备企业自身风格的名号。还有一些公司针对内容制作了一系列的企业周边，如在文化衫上印制员工的英文名，来凸显公司"禁止喊'领导'"的倡导。还可以通过制作道具，如"免迟到"令牌等，增加大家对于制度的了解。还可以制作具有企业文化特色的贴纸、冰箱贴、卡通头像、文具等，甚至可以制作以企业领导、行业黑话为主题的表情包，来增加员工私下沟通的趣味性。

"狼人杀"如何让会议更高效？

"会议"这个词可以拆分为"会"与"议"两个部分。"会"指的是聚集一群人的形式和方法，"议"指的是讨论、沟通、决策。越是大型的会，越需要强大的会务组织能力。准确来说，一场会议是否开得好，基础是会务的准备（包括场地的布置、前期的沟通、设备的调整等），然后才是如何讨论、沟通和决策。

没有任何一家公司不需要开会，但是在企业中如何开会、如何让开会更有效率，这些问题成为诸多企业的难题。有网友吐槽，说自己每天都在开会，在公司最大的工作业绩产出就是开会。疫情期间，传统的线下会议转变为线上会议，员工甚至完全没有得到通知就被领导拉入了在线会议中。

既然每个公司都在开会，那么究竟为什么开不好会议呢？你知道如何衡量一场会议的价值吗？总的来说，无效会议表现为二十个字：参而不议，议而不决，决而不行，行而无馈，馈而无果。参会的人不讨论，会议的议题没有最终统一意见，有意见了却没有人行动，行动了没有任何反馈，有反馈了也没有后续结果。这就是当代企业会议的问题。

> 如果你不能描述，你就不能衡量；如果你不能衡量，你就不能管理。——《平衡计分卡》

如何评估会议的价值?

评估会议的价值,首先要了解企业会议的本质。会议是通过一系列设计的议程,让参与会议的人的时间转化为结论的方法。通俗一点讲,会议的价值等于会议的结论。也就是说,如果一个会议最终没有结论,那就没有任何价值。所以评估一场会议价值的公式是:

会议价值=结论价值−时间成本

如果会议没有结论,就等于时间成本的亏损。很多企业喜欢长期地开例会、晨会、碰头会、项目沟通会议,如果没有任何节制,随着部门领导的喜好来开会,最后就会导致企业的人工成本白白被浪费。很多老板会关注公司的一卷抽纸、一瓶水是否被浪费,但是很少正儿八经地计算开会究竟有多少成本被使用。

会议时间成本=每人时间成本×参会人数×会议时间

这是早年用来计算公司会议成本的公式,主要是为了给老板证明每周开会究竟需要花费多少钱,从而提升会议紧迫性。有些老板选择下班后开会,美其名曰充分调动员工的积极性,实际是将公司成本转嫁于员工个人,这也是为什么00后都不愿意开会。

优化会议流程的更好方式是在会议前充分准备达成会议结论的资料,缩短会议时间,限制参会人员,在会议中以结论为导向,注意时间分配,在会议后具体地弄清楚,是谁完成某件事,在什么时间前完成。

表4-4　会议纪要

序号	会议重点事项	跟进/执行	完成时间	备注
1	对本季度营销规划的终稿做确认	运营中心	即刻	
2	督促、检查总经理的各项指示和公司会议决定的落实情况	总经办	每周五11:00	
3	制定本部门成本估算表/进度计划表	各部门经理	2月7日11:00	如估算已通过,则制定预算表
4	编制项目变更流程及监督变更制度	运营中心	2月10日17:00	

所以很多时候企业会产生会议纪要。会议纪要有两个作用,一是了解会议当时讨论的具体内容,二是了解具体部门在什么时间前完成什么事情。

在会议之后还需要定期检查会议计划的完成程度,对常态的工作进行考核,对临时性的工作进行协商,针对重大的项目进行独立的项目考核。

会议计划完成度=已完成计划数量/会议计划总数量

根据会议目的,企业中的会议大致可以分为5种类型,而根据讨论形式的不同,可以配套不同的议程。

表4-5　会议类型

会议类型	会议目的
共创类	集思广益,产生创新想法和解决问题的方案
决策类	作出具体决策,确定具体的行动计划和目标
共识类	传达与发布信息,告知内外部,达成信息一致
流程类	审核和评估进度与结果,完成安全性评估
培训类	提升参与者的能力和技能,让其更好地完成工作任务

参考资料

会议议题讨论 & 跟进表格

会议议题讨论表

会议名称		召集人		会议日期		开始时间		持续时间		记录人	
会议地点											
参会人员											

序号	会议议题	提出部门	问题	原因	期望结果	相关负责人	议题结果	确认签字

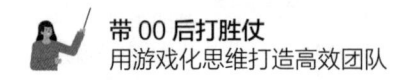

在这一点上，我们可以借鉴字节跳动内部推崇的基于飞书云文档的高效开会模式"飞书阅读会"，即"飞阅会"。

"飞阅会"的流程是这样的：在开会之前，会议组织者提前准备阅读材料，将需要讨论的文章、报告等材料分发给与会者。参会时，大家首先要打开一个在线的飞书云文档，共同花10分钟进行文档的默读，并在有疑问的地方进行标注。这些标注可以实时共享给所有参会的人员，大家可以针对这些标注进行逐条探讨、答疑，当场解决问题、明确解决方案。会后，会议组织者可以将系统自动生成的高浓度会议纪要发到群聊中，未参会的人员也可以领会会议重点，明确任务归属。

这样的会议流程极大地减少会议组织者的准备时间，参会者能将更多的时间投入实际的议程而非PPT制作。实时同步和云文档的形式解决了异步沟通的协同问题，减少了会议组织者的二次沟通成本。

为什么不愿意开会议？

讨论完好的会议形式，现在我们来讨论为什么员工，特别是新生代员工不愿意开会。借用列夫·托尔斯泰的名言，"幸福的家庭都是相似的，不幸的家庭各有各的不幸"，对于会议来说也是如此，失败的会议各有各的糟糕。但大体上，我们可以列出失败会议的几种特质。

1. 发言冗长而无聊

有些会议缺乏会前准备，在沟通会议流程和内容上就花费了大量的时间。一些领导搞一言堂，发言冗长而无聊，导致会议时间过长，而会议内容单一、枯燥，这让具有强烈个性化需求的00后难以保持持久的专注力。为了解决这一问题，一些企业会采用站立开会的形式，试图提高开会效率。

2. 参会人员过多

亚马逊创办者杰夫·贝佐斯提出过"两张比萨"原则，即参与会议的人数不能多到两张比萨还不够吃的地步。随着参会者人数增加，会议的成本也会增加，这还会导致只有一部分人参与讨论，剩下的人员无法参与讨论，甚至对讨论内容完全不清楚。00后注重自我表达，如果在会议上长时间无法参与互动，他们容易感到压抑。而如果参会的人员对于会议内容完全没有表决权，那么员工的表达意愿会下降，从而拒绝参与会议。

3. 缺乏明确目标

缺乏明确的会议目标是失败会议的通病。00后参与会议有时会无所适从，因为会议的讨论主题不明确。有时候，一开始设定了讨论企业年度目标的会议主题，聊着聊着就跑到了每个部门要背负多少业务指标的问题上。一个会议可以设立多个问题，但是应该有顺序地逐一解决。参会者有着各自的利益诉求，会议组织者有必要充分调动员工的积极性，特别是00后等新生代员工的积极性。但是所有人的会议发言应该指向共同的会议目标。

4. 务虚

00后非常讨厌务虚的事情，但是企业有时候又非常愿意开务虚的会议。例如，有新人进入部门，大家理应热烈欢迎，但开会相互介绍的方式或许可以用其他的方式替代。一些老板选择开会来讨论团队的现状和团队的情绪问题，实际上这些事务都可以通过非正式沟通来完成。取消无效的会议，这会使00后对有效会议的重视度提升，意识到企业每次开会都是重要的。

5. 会议纪律差

人员迟到、一群人等一个人等纪律问题是导致00后讨厌开会的另一个原因。00后员工注重效率，厌恶无趣，而"等待"正是一件非常无趣的事情。企业可以通过设置一些惩罚来减少会议纪律差的问题。例如，让所有人员对迟到者行"注目礼"，通报迟到者的上级以示批评，或者规定迟到者需要请全体成员吃下午茶等。

6. 缺少会议规则和专业工具

没有规矩，不成方圆。除了约束会议纪律，制定或借鉴优秀的会议规则和使用专业的会议工具能够使会议进行得更顺利。从规则上，可以借鉴罗伯特议事规则；从工具上，可以借鉴"飞阅会""六项思考帽"等。教导会议议程的方法可以是直接给出规则的说明，也可以是言传身教。后者就是让新员工通过模仿学习的方式来熟悉会议流程。

7. 会议没有结果或者结果没有跟进

如果会议没有获得结果，那么这个会议就没有价值；而如果结果没有被跟进，那么会议同样没有价值。但现实情况是，这类缺少结果、结果缺乏跟进的会议屡见不鲜。结果要跟进，就要明确任务分配（由谁做什么事），以及完成的时间节点。针对每次会议可以设立监督员，专门负责催收"作业"，督促大家推进任务进度。

8. 会议氛围压抑

00后不喜欢被强迫，同时有非常强的自我表达欲，希望得到领导的重视。他们希望自己能够在安全舒适的环境中表达自己的观点，而太严肃的会议会让他们感到气氛压抑。将会议安排在下班之后，00后会感觉自己的生活和个人空间被侵占，也会感觉心情压抑，从而不愿意表达。

为什么游戏能让人主动参与会议？

在大多数企业会议中，员工往往感到被迫、无聊和不知所措，即使拿着薪水也痛苦，缺乏参与游戏时的那种热情和投入。那么，为什么游戏模式不能应用到企业会议中呢？在年轻人的聚会中，有些游戏看起来就像是一场会议，如"剧本杀""鹅鸭杀""染钟楼"等。我们可以从游戏中借鉴可用于企业会议的优秀规则。

首先，我们可以从"狼人杀"中学到，每个人都应该有平等的发言权。在这个游戏中，每个人都有平等的机会来表达自己的观点，而不是被一再打断。很多领导一开始发言就是三个大点十个小点，员工不是没有发言权，就是多说两句就被打断。还有很多人开会，一坐下来先是闲谈，然后表述一下自己过去的功绩，再谈会议的内容。实际上，大部分内容都是无效发言。优秀的领导会充分地利用会议的时间，有效地控制每个人的发言时间，懂得如何在有限的时间内说清楚自己的观点，并且根据其他人的发言了解其立场和观点。

其次，每个人都要尊重自己的会议权利。在"狼人杀"的投票中，没有不重要的身份与角色，哪怕只是村民，也可能左右游戏走向。所以，每个人都应清楚自己的目标，知道自己要做的事情，在会议中珍惜自己的投票权利，知道自己的投票对结果是会有影响的，而不是在会议中充当可有可无的角色。在企业会议中，很多成员抱着一种旁观者的心态，领导说什么就是什么，这显然是完全无视了自己参会者的身份。当然，造成这一现象的一部分原因是会议的组织者没有充分地说明会议规则。

再次，通过逻辑和道理来说服，而不利用权威来强迫。"狼人杀"是一种较量分析判断能力和口才的策略类游戏。与此类似，在企业会议中，只有通过逻辑与道理说服他人，才能充分地调动参与者讨论的热情。有些领导在能讲道理的时候选择讲道理，不能讲道理的时候又选择用身份权威来强制执行结果，这是把共创类的会议与决策类的会议混为一谈了。当需要员工提建议的时候，应该鼓励员工参与，而一旦形成决议，那就应该总结上一阶段的成果，再进行表述决策类型的会议。一些领导害怕失去权威，没有给员工足够的尊重，进一步打压了新生代员工乐意参与、积极分享的工作热情，导致企业员工最终都不愿意参与会议。

最后，对会议结果及时给予反馈。在"狼人杀"游戏中，每次投票都是给予上一轮发言的一种反馈，是创造信息增量的过程。对于上一次会议制定的目标，在当前会议中应该反馈进度、结果。例如，上个月某部门负责人表示能够完成1亿的销售任务，那么这个月应该给出实际的销售数据，而不能仅仅表示"能不能完成还不知道呢"。每一次的反馈都能帮助我们了解之后

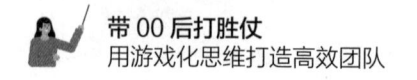

如何做出决策。

此外,"狼人杀"中还有许多约定俗成的规则,如不准贴脸发言、不能聊场外的信息等。在会议中,我们要做到"不以言举人,不以人废言"。"永远不要只听别人怎么说的,还要看他怎么做的。"狼人会为了自己的胜利故意混淆视听,所以当我们在投票时,如果发现有人心口不一,就能大概知道他可能属于搞破坏的坏人阵营。同样地,不能因为发言者的身份而武断地选择听不听从他的建议。这也是为什么会议要有边界与框架,以规避人性的弱点,提升会议的效率。

最后我想说,组织一场游戏,实际上如同组织一场会议,如果一个人连游戏都组织不好,那么大概率也组织不好会议。

参考资料 罗伯特议事规则

【第1条】会议主持人专门负责宣布开会制度，分配发言权，提请表决，维持秩序，执行程序。但主持人在主持期间不得发表意见，也不能总结别人的发言。

【第2条】会议讨论的内容应当是一个明确动议，动议必须是具体的、明确的、可操作的行动建议。

【第3条】谁先举手谁优先发言，但发言要得到主持人允许，要起立，别人发言时不能打断。

【第4条】尽可能对着主持人说话，不同意见者之间避免直接面对面发言。

【第5条】每人每次发言时间不超过两分钟，对同一动议发言每人不超过两次，或者大家可以现场规定。

【第6条】讨论问题不能跑题，主持人应该打断跑题发言。

【第7条】主持人打断违规发言的人，被打断的人应当中止发言。

【第8条】主持人应尽可能让意见相反的双方轮流得到发言机会，以保持平衡。

【第9条】发言人应该首先表明赞成或反对，然后说理由。

【第10条】不得进行人身攻击，只能就事论事。

【第11条】只有主持人可以提请表决，只能等到发言次数都已用尽，或没有人再想发言，才能提请表决。如果主持人有表决权，应当最后表决，防止其他表决"抱粗腿"。

【第12条】主持人应先请赞成方举手，再请反对方举手，但不要请弃权方举手。

【第13条】当赞成方多于反对方，动议通过。平局则没有通过。

第五章

怎么组织"九头牛也拉不动"的00后团建?

———— CHAPTER 5 ————

请都请不来的00后，如何团建？

如果要让管理者评企业十大管理噩梦，我想"企业团建"肯定能评为榜首，相信不会有管理者反对。团建的形式花样翻新，从60后的企业职工体育文娱竞赛，到70后的军事化训练、素质拓展，到80后的沙盘模拟推演、企业模拟ERP，再到90后的吃吃喝喝、打牌唱歌。无论形式如何，团建的核心都在于组织社交，培养团队凝聚力。但是到了00后，各种团建形式似乎都失去了吸引力。

遇上团建，00后开始花样请假，找各种借口不愿意参加，让企业管理者大发感慨：为什么公司花钱，用上班时间组织活动，新生代的员工依然这么抵触呢？很多管理者评价说00后不懂人情世故，但我更觉得00后是选择了先满足自己的生活，而不为了工作而妥协。这是一种价值观的转变，管理者可以不认同，但也需要理解。

不愿意参加团建的00后在想什么？

直接向00后询问不愿意参加团建的原因，得到的答案五花八门，有说不知道如何适应酒桌文化的，有说不愿意花费时间、精力投入工作以外的事务的，还有说团建与自己其他的安排有冲突的。由此可见，团建不仅是企业管理者的噩梦，也是00后的噩梦。可以说，00后对于团建是抱着一种消极态度的。我曾见过因为公司要军事化团建，工资都不要扭头就离职的00后。

团建的形式是多样的，不同人对团建的印象也各不相同。有些人觉得团建就是公司组织吃吃喝喝、打打牌唱唱歌；有些人觉得团建是军训，是相互折磨、互相伤害；有的人觉得团建是集体公费旅游。无论形式怎么变化，团建都是企业组织的一种带有社交属性的活动，它体现了企业领导者希望传达的特质。

有些时候，00后抵制的是团建的"形"。例如，如果公司组织聚餐而不要求喝酒，那么因反感酒桌文化而离开的00后或许就会停下脚步；如果公司部门团建，领导出钱但是不参与，那么顾虑代沟和上下级距离而逃避的00后或许就会乐于出席；如果团建分组可以打破部门壁垒，让关系好的同事自由组队，那么社恐的00后或许就会多一分勇气……

还有些时候，00后抵制的是团建的"神"。在团体中，个人的意志会被裹挟，促生一种压力，甚至导致一种群体性的狂热。这种压力可能来源于领导者自身的权威，表现为"公司是我的，我希望怎样做都可以"；也可能来源于群体极化。例如，领导希望员工读书，有人打卡一周，有人打卡一个月，有人就打卡100天，甚至写感悟、写评语。又如，领导希望员工关系能促进，安排登山，有人就组织竞赛，比拼速度。这类活动超过了工作要求，占用了员工的休息时间，甚至需要员工自己补贴经费，成为一种服从性测试，自然让员工产生抵抗情绪。企业或许想要通过这些方式来筛选一批人、淘汰一批人，但00后显然不愿意被这种压力绑架。当然，未必只是00后，只是00后的抗争表现得最为突出。每一代人都被他们所处的时代所塑造、所影响。00后的家庭大部分条件尚可，见过不少世面，他们希望拥有自己的生活，而工作只是其中的一部分。

企业团建为什么重要？

那么，因为受到抵制，企业就应该放弃组织00后团建吗？在了解00后抵制团建的原因之后，我们还需要明白团建的价值，了解团建最初的作用。

现代管理学起源于战争。想要创建一个有战斗力的团队，就需要运用到战斗训练；而想要创建一个能创造绩效的团队，就需要团建。企业管理有三个目标：

1. 增加团队成员之间的熟悉程度

一个团队想要形成战斗力，就需要对彼此足够熟悉，而增加熟悉程度的最简单方法就是让团队成员长时间地待在一起。这也就是为什么很多公司会鼓励团队成员一起吃饭、一起玩耍，就是刻意制造团队成员在一起的机会。公司团建旨在主动增加员工彼此之间的非正式沟通机会，期待留下特别的经历和难忘的瞬间。一些公司会召开"裸心会""心灵酒局"，试图让员工敞开心扉，加深团队成员之间的联系。可以说，所有团建的主要目标都在于此。

2. 调整员工的角色与目标

对于团队的管理者来说，团建还起到将不同角色分配给不同成员的作用。因此，在团队经历重大变化，包括人员变动、阶段性团队目标完成或失败等时刻，企业会组织团建，给员工传递信心，提供情绪价值。例如，公司刚刚完成双十一大促活动，营销额突破历史记录；或者团队部门遭遇重大挫折，士气低迷；或者某个部门团队有大量新员工；又或者某个重要的老员工即将离开团队……这些时刻都可以进行团建。企业管理者还会根据员工不同阶段的表现为其提供反馈与表彰，勉励新员工担当新角色，对于一些阶段性的调整做出解释。团建给了团队一个充分沟通、磨合和了解彼此的契机，能够促进团队的进一步提升。

3. 找到适合发展的自己人

孙子云："上下同欲者胜。"当一个团队的所有人都心往一处想，劲往一处使，那么团队的管理就轻松，工作开展起来就顺利。有的管理者困惑："为什么事情都说清楚了，但就是落地不了？"其实不是员工的能力不行，而是员工的心不在此。因此，一些管理者不看重个人的能力有多强，而更看重人心向背。看《西游记》前半段唐僧师徒的关系，就能明白这个道理。

每个企业都有自己的发展历史，每个领导都有自己的价值观，管理者为了创建更好的团队，势必会通过一些活动将价值观有效地传递出来，并在这个过程中观察员工的表现，对员工进行合理的拉拢或筛选，以保证企业文化价值观的有效传递。

每个团队需要的人都是不同的，企业需要适合企业基因的年轻人，团建就是一个选拔的过程。00后是一个标签，但不同的00后是不同的，企业和管理者不应妄图改变这些年轻人，而应从这些年轻人中选择适合企业基因的部分。

针对00后的团建应该这么做

讲清楚了团建对于企业的重要性，但是00后员工可能还是不愿意参与，那么企业管理者应该如何做呢？应当参考和采用以下六个团建原则。

1. 把企业文化与团建融合

任何一个00后都是独立的个体，任何企业也都是独立的企业，没有什么可以生搬硬套的团建，更多可以结合当时的情况，根据企业当前目标、预算，针对不同团队对象做出动态调整。将企业的信念、愿景、目标体现在企业团建上，让团建活动为企业的核心目标服务，最终推动团队建设。

2. 要充分尊重团队每位成员

团建的形式可以参考民主集中制，充分尊重当代员工的团建建议，把团建的预算与目的充分提供给员工，让员工了解团队需要的内容，并且可以让员工发挥主观能动性。例如，团建的目的地选择完毕，但是游玩的线路可以让员工自行设计，然后大家来比对旅游的线路，看哪条线路更加合理。又如，公司组织户外活动，可以让员工推荐菜品，到时候通过游戏奖励的方式额外提供给员工等。不要一味地强压00后员工，让团建成为管理与被管理的形式。管理者可以在这个过程中了解不同员工的个性，从而达到管理考察目的。

3.团建的仪式感要做得充足

仪式感是一门企业管理艺术。想要做好团建，就要掌握员工的心态。对于00后员工而言，"颜值即正义"。在团建活动中，有条件的企业可以请外部摄影团队进行摄像，或者请公司企划宣传部门或者善于摄像的同事代劳。拍摄的好坏是其次，设备上一定要高级，一定要用"长枪短炮"，不能使用手机来敷衍。

另外，场地布置上也要采用较为漂亮的花卉、气球、蛋糕，有设计的KT板等。通过现场的灯光和活动的前后宣传凸显团建活动的氛围，达到参与活动后员工可以自愿转发朋友圈的美观程度即可。活动结束的时候，还可以发放一些精美的伴手礼，主打一个获得感，让没有参与的伙伴羡慕，从而未来愿意主动参与。

还可以加大企业视频号、抖音号的宣传力度，曝光企业的团建形式来给外部候选人和其他企业员工一些参考，同样能起到良好的宣传作用。

4.团建形式主打流行与猎奇

团建不是一种付费活动，只要给团建公司付了钱，组织一些活动或者想尽办法让员工过来吃吃喝喝就能完成的。真正玩得好的团建，并不是花多少钱就能解决问题，而要用心去策划、去思考每一处细节，没有想明白就不要轻易去做。

很多企业喜欢省事，便长期委托固定的一些旅行公司、拓展公司，每年到同一地方打卡。哪怕是多次去同一旅行目的地都会令人生厌，更何况是团建呢？吸引年轻人的团建主打一个好玩、有趣和流行。当飞盘活动火的时候很多公司就开始组织飞盘活动，当桨板活动流行就开始玩桨板。团建的活动形式可以五花八门，只要保证安全、舒适即可。当下00后热衷于剧本杀、密室逃脱、音乐手碟、草地音乐会，这些形式都可以与公司团建结合。团建的形式是对团建的内核影响最小的一个因素。

5. 勿忘团建的内核是建设

传统公司年年团建都做差不多的事，没有经费搞更多的活动怎么办？其实不用花钱也能产生很好的团建效果。在过往的一次团建活动中，公司组织团队成员到某度假村进行为期两天一夜的活动，主要围绕开会、吃饭、泡温泉展开。我的人力行政团队在例行公事上加入了活动任务的元素。他们给入职半年内的新人下达了"任务"，并且拍摄了前后花絮视频。新员工可以在过程中与公司老总进行互动，例如一起唱首歌、用各种动作与老总合照等。

借着公司团建的契机，新员工和老员工进行互动，也是为了让基层管理者更多地了解这些新员工。人力行政团队还给了基层管理人员一些任务，让他们更多地去观察新员工。事后，很多基层管理者表示，他们注意到了新员工在外训过程中的点点滴滴。拍摄出来的视频最后作为公司团建的彩蛋给到老板。通过人力行政团队的这些"小心思"，一个看似常规的活动转变为了有新意的一次团建活动。

6. 最直接的团建就是一起干成事

为什么很多人愿意在游戏里社交？那是因为在游戏中，大家在完成同一个任务。队员们一起战斗，相互帮助，把自己的背后交给别人。互帮互助会极大地促进人与人之间的信任。所以在团队中，就要多做任务。把工作拆分为一个个小目标，每个目标有一定的难度，让员工绞尽脑汁地合作完成，相互成就。在这个过程中，员工的注意力会特别集中，不会再去关注菜里是不是有肉、酒是不是廉价、床垫和枕头是不是太硬等问题。

所以好的团建实际上不需要怎么花钱，只要让员工做成事情，让他们感觉到这件事非常有趣、有意思，并且在过程中得到更多的正反馈，那么他们就会更愿意参与团队合作，更愿意与人沟通交流以促进任务完成，这可能就是最好的团队建设。

第五章
怎么组织"九头牛也拉不动"的00后团建?

即兴喜剧,大声庆祝失败

差不多在10年前国内兴起了一种即兴喜剧,演员上台表演却没有现成的剧本,需要根据其他演员的反应了解自己是谁,要做什么事情,并且机智地回应现场发生的情况。即兴喜剧创造了非常多经典的人物对话、动作、故事。即兴喜剧的形式允许现场出现临时的任务并彼此穿插,故事的走向出乎意料,让演员与观众都期待现场发生的事情。

随着即兴喜剧的发展,现在它也被逐步用于课堂教学、社区剧场演出、企业培训和组织、心理治疗、新产品开发等众多领域。通过游戏互动、肢体表演、语言对话,参与者普遍能够迅速破冰。很多知名企业和教育机构(如混沌学园、得到高研院)都聘请即兴喜剧老师来做破冰,教导学员们如何用即兴喜剧的方式成功地融入团队。

虽然说团队建设并非一朝一夕,但是好的方式能够加速团队成员彼此熟悉的过程。面对标榜"社恐",却在熟人面前成为"社交恐怖分子"的00后,管理者常常想要尽快地打破他们套在身上的壳,让他们展现出能力和动力。也就是说,企业管理者希望更快地拉近团队成员之间的关系。为实现这一目的,即兴喜剧因其独特的呈现原则与方式成为一种非常合适的方式。

YES AND(是的,而且)

有人根据给予员工的反馈,将企业管理者分为三类。

1. "Say No"(说"不")的管理者

王二狗问朋友:"每天都很忙,没有时间学习,怎么办?"

朋友为他提出了三条建议:"你每天上班通勤时间可以听电子音频,午

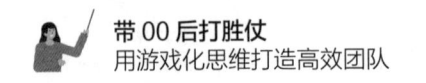

休的时候可以看一个视频,每天睡前可以看十页书。"

王二狗想都不想就说:"上班通勤听音频影响交通安全,中午午休看视频下午想睡觉,晚上睡觉前看书影响视力。"

可想而知,下次王二狗再来找朋友出主意,朋友应该不会这样给他建议了。

这还是地位平等的朋友之间无关痛痒的沟通,若同样的拒绝发生在上下级之间,后果将更加严重。员工在管理者的否定下,不仅未来不愿意再发挥主观能动性,还可能对管理者心生怨恨。当这种情绪笼罩整个团队,企业就会形成"一言堂"。在外人看来,团队的管理者似乎非常有权威,但背地里员工未必真心服从。

2. "Say Yes But"(说"是的,但是")的管理者

许多沟通课程建议领导使用"Yes But"的方式承接员工的话。常见的话术是:"这个建议不错/原来还有这种方法/原来你是这样想的呀,但是……"相比于总是"Say No"的管理者,这类管理者至少给了员工足够的表达机会,因此在这类管理者手下工作的员工更愿意沟通。但是这类管理者最大的问题就是,无论前面多么认可员工,最终总是说自己的建议。有人总结了与这类管理者沟通的窍门:"只要他还没有说出但是,都不用听。"

3. "Say Yes And"(说"是的,而且")的管理者

在总是说"Yes But"的管理者手下工作,员工的创造能力和主观能动性依然调动不足,所以就诞生了第三类管理者,他们会说"Yes And"。举个例子,团队要聚餐,第一类管理者会直接决定,告诉员工"我们去吃火锅";第二类管理者会动员大家提建议,了解到员工有吃烤肉、吃日料、吃海鲜等需求,但最终还是表示"这些提议都挺好的,不过因为经费的问题,大家还是吃火锅吧";第三类管理者同样会倾听员工们的建议,当知道大家有吃烤肉、吃日料、吃海鲜等需求时,他会说"可以呀,我们还可以加入一个吃火锅的选项"。

说"Yes And"的管理者会包容性地看待员工的建议,永远不推翻其他人的想法,而是对想法进行引导,加入自己的观点进行共同创造。他们面对员工时经常用"你是怎么想的?""我很期待你的意见"等话语,并且承接员工的看法,减少与员工的矛盾。

要知道,管理者与员工看待问题的角度常常不同,这不能说明谁看到的角度就是错误的。正如下方这张图,有些人从中看到少女,有些人则从中看到老婆婆,还有些人两种情况都能看到。

图5-1 少女和老婆婆

"Yes And"正是即兴喜剧的灵魂。在即兴喜剧中,演员会在不确定的场景中遇见各式各样的挑战,当挑战已经出现,演员只能接受并且通过灵活应对来将剧情延续下去。

"Yes And"分为"Yes"和"And"两个部分。"Yes"代表一种开放的心态,"And"则表示既要接收信息,又要提供新的信息。例如,在新团队组建时,新员工彼此之间不太了解,管理者可以组织成员分享自己爱吃什么。每个人都可以分享自己的喜好,但不能指责别人分享的不好吃。比如,有伙伴喜欢吃臭豆腐、螺蛳粉和榴梿，别人不能说这太臭；有伙伴喜欢吃薯片、泡面和烧烤，别人不能说这不健康。讲述自己的兴趣爱好，让有相同爱好的伙伴彼此靠拢，让有不同爱好的伙伴也相互理解，这样团队就能更"和而不同"，更有凝聚力。

管理者在管理过程中至少要做到常说"Yes"不说"No"，确保员工愿意发言，此外还要向"And"努力，为员工提供更多的看问题角度和信息。当团队采用"Yes And"的方式进行讨论时，头脑风暴就发生了。

庆祝失败

有小伙伴问："如果失败了怎么办？"其实，工作失误在所难免，任何团队都会遭遇失败，失败本身不可怕，可怕的是不知道为什么失败，是因为害怕失败而紧张与发挥失常，可怕的是相互推诿失败的责任而导致团队出现问题。

过去，企业的团建多采取对抗或竞争的形式，赢了游戏的人可以得到奖励，输了的人则获得惩罚。但我们忘记了，团建只是团队合作过程中的一个节点，当团建结束，无论是赢的人还是输的人都还属于一个团队，而不是一个团队下的若干个临时组织。企业不需要通过让一部分人"失败"来凸显另一部分人的"成功"，正相反，企业应该包容内部的失败，甚至庆祝内部的失败。

庆祝失败是即兴喜剧的另一个特色。在使用即兴喜剧形式进行破冰时，常会用到喊"乒乓球"的小游戏。两个员工依次喊"乒""乓""球"，无论谁喊错了，都要两个成员共同举手高喊"哇哦"，然后继续游戏。同样地，在其他团队活动中，只要成员出错，大家就集体喊"哇哦"来庆祝失败。

我们用喊"哇哦"来表示自己意识到了错误，庆祝失败，并以此设立边界，将失败翻篇。这样的行为允许甚至鼓励员工失败，从而提升团队的创造性。结合"Yes And"的精神，这避免了团队对经验不足员工的不包容和指

> **参考资料**
>
> ## 经典"Yes And"游戏"我是一棵树"
>
> 请一名成员扮演一棵树,然后依次请现场的小伙伴根据自己的想法描述自己需要扮演的角色,并通过肢体动作扮演一个角色或者物体,如一只小鸟、一块石头、一颗小草、一阵风、一阵雨。依靠不断的联想共同构建一个场景。
>
> 变体版本:假设有很多人,可以请几个伙伴做"我是一棵树"的范例,然后分成多个小组,设定电影海报、知名景点、城市建筑等主题,让各小组依次上台完成即兴的扮演,或者同时扮演某一主题进行PK。
>
> "Yes And"游戏非常多,大家可以将它们用于需要进行头脑风暴或者脑力创造的场合。玩这类游戏的目的是让成员意识到接纳与包容的原则。例如,公司开头脑风暴会议,问:"公司要完成1个亿的目标,你会想到什么?"这时候有员工说"王健林"。在一般情况下,此时会有管理者开始强调工作职责或者会议纪律,但是采纳"Yes And"的精神,大家可能就会笑一笑,一起"哇哦"一下然后继续头脑风暴。
>
> 这样的方法特别适用于解决团队内部的一些小事。管理者可以听取员工的想法和建议,补充管理者思考角度的经验以优化,然后大胆地采纳这些建议。即使在过程中发现一些问题,也可以让团队一同学习到新的经验,并鼓励大家及时行动起来。

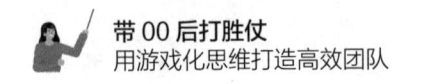

责，增加了团队的失败案例，帮助团队积累经验，供团队成员学习。

揪着员工的问题不放，甚至夸大问题，会导致人人自危。实际上，企业出现的问题往往是系统性的问题，责任往往是团队共同的责任。00后新员工进入团队后，他们会观察企业管理者是如何对待老员工的，以及团队的做事氛围怎么样，从而决定自己的行事方式。当员工出现失误，管理者应当勇于承担员工的部分责任，做好兜底保护，才能让员工真正担负起工作。如果员工并非故意犯错，那么企业也应该给予员工修正的机会，相信员工未来一定会更加小心和注意。在小事情上鼓励失败，从而优化管理流程，这能让企业未来运作减少风险。企业管理者一旦开始勇于庆祝失败，就能拥有更多的行走的教训案例，减少企业未来的运作风险。

不做价值评价

包容他人的观点，并且愿意与他人共同庆祝失败，这最终指向的其实就是容纳彼此成为团队的伙伴。与此同时，不对团队成员做价值评判也是重要的一项内容。企业管理面向的是人。而每个人的经历不同，面临的事不同，所以我们在未了解全貌的情况下很难明白每个人行为背后的原因。如果我们对不符合自己想法的做法武断地进行指责，那么可能一开始就拒绝了拉近彼此关系的机会，更永远无法了解别人行为背后的原因。

00后有其共性，他们的性格与其他年代的员工不同，但管理者如果急于给00后贴标签、做归类，那么就无法让00后融入自己的团队。因为每一个00后也是不同的，有其独特的经历。

不做价值评价，只阐述客观事实，这是一种构建良性团队的方式。所谓阐述客观事实，就是反馈当下看到的现实，例如某人穿了一身西装，配着一双锃亮的皮鞋。而价值判断涉及主观的对错评价，例如认为穿着西装、配着锃亮皮鞋的人看起来像是成功人士。不被主观评价，团队中的每个人都足够客观地提出见解，才能让每个人都安全地表达自己，从而有意愿成为团队的一分子。因为他们发现，无论自己提出多么荒唐的想法，做出怎样与众不同的行为，大家也都愿意接受。这样能形成良好的团队默契，成员会愿意改善行为，努力让天马行空的想法落地。

新生代员工非常清楚你对他们的尊重与善意。如果你能给他们带来学习成长的价值，还能证明你做的事情有趣味性，那么哪怕是他们职责之外的事情，他们也乐意多做一些。一个团队是由不同角色构成的，即使是新员工，也可以成为团队的动能，为团队带来生机与改变，创造更多新理念与想法。以不做价值评判的方式与员工沟通，改变管理方式，让所有人都能一起玩游戏，一起演好没有剧本的即兴人生，这样的活动对企业管理才是有效的。

"民间游戏"软植入

2018年1月3日的下午，一个普通的工作日。下午上班公司就围着一大群人，在观看《英雄联盟》的直播比赛视频，其中有我们老板、个别年长同事，以及更多的一大群大学生。他们一个个都热情投入比赛的节奏，毫无保留地说着各自对于游戏中发生的态势分析，大家的热情一度火热，从最初一些年轻伙伴偷偷地用手机、电脑观看比赛，再到忍不住热情地讨论比赛，最后连老板都加入讨论的大军，以至于开启了会议室的大屏幕开始观看视频直播。那天下午似乎就没有什么办公氛围，取而代之的是一场似乎与职场毫无关系的比赛。

最终以IG夺冠为终点，很多人临了结束才开始加班加点办公。但似乎那天没有听见任何对于加班工作的抱怨，而更多的是兴奋、狂欢，整个公司呈现了一种其乐融融的样子，看得懂的在欢腾，看不懂的也在欢腾。

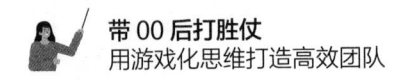

从游戏到企业团建

游戏与团建究竟有什么关系？现在的企业团建多采用游戏化的形式，通过游戏来增加员工的互动，拉近员工之间的关系。但是一些公司将团建等同于做游戏，认为只要员工一起做些活动就算完成团建。那么究竟什么是游戏，什么是团建，这两者的区别是什么？

前文提到，企业管理有三个目标：增加团队成员之间的熟悉程度，调整员工的角色与目标，找到适合发展的自己人。而游戏设计者的目标之一是让玩家尽可能地沉浸在游戏中，更多地依赖游戏。企业可以借由游戏的形式让员工彼此熟悉，共同成长，寓教于乐，但要实现管理目标，不一定要依赖游戏。

但不同的游戏种类的确给予了团建组织者更多的选择。例如，篮球、足球、网球等诸多传统的运动游戏早已获得了一批粉丝，密室逃脱、剧本杀、撕名牌等综艺活动中出现过的游戏被越来越多地搬到团建活动中，而对于新生代员工来说，《英雄联盟》《绝地求生》《第五人格》等电子游戏成为新宠。对于年轻人来说，联机玩游戏甚至观看电子竞技比赛，既不用出门暴晒，还极具观赏性，是十分具有吸引力的团建形式。

所谓游戏即生活，很多时候企业能通过游戏中成员的表现看出他行事处世的风格。所以团建的游戏虽然看起来是游戏，但是依然可以通过严密的考察进行打分，用以评估每个人的性格特点，从而针对性地对员工的角色和岗位做出调整。若干年前我就听说过国内某知名大厂采用"德州扑克"来考察员工的案例。

我们在第三章中根据关注内在还是外在、关注人还是课程将员工分为四类，这种分类可以通过心理测评或动机分析来判断，同样可以通过团建中的游戏表现来考察。

引申案例：《黑暗森林》团队成员识别游戏

企业管理需要对团队成员进行识别。这种识别可能发生在面试中，也可能发生在其他团队活动中。大部分时候，我们会采用无领导小组的方式来进行识别。如今，我们从游戏中也借鉴了一些简单的机制。

游戏内容：黑暗森林

游戏时长：20~30分钟

适用范围：6~12个人的团队面试或者团体活动

故事背景：三体世界中，作为人类最后逃离银河系的幸存者，舰队长们，你们遭遇了新的能源挑战。每名玩家代表一支舰队，平均分成3个小组，每个小组为一个舰队联盟。

游戏规则：每个联盟共用30能源，能源无差别供给联盟舰队"防御"和"攻击"其他联盟舰队。能源用完为止。最终场上只留下一个联盟舰队。

（1）攻击>防御，视为舰队死亡。

（2）联盟内舰队数量>1视为联盟存活。

（3）联盟能源不可再生，也不可赠送。

（4）每轮限时5分钟，不提交指令视为弃权。

表5-1　作战指令记录表

第＿＿＿＿＿组作战指令									
序号	防御	进攻	防御	进攻	防御	进攻	防御	进攻	防御	进攻
1										
2										

游戏目的：

（1）识别不同成员的沟通风格、角色定位。

（2）了解成员的团队合作与谈判协商能力。

（3）了解成员的数字计算能力、判断分析能力。

（4）识别员工的时间管理能力与应对极端情况的抗压能力。

游戏评价：该游戏的机制非常简单，被非常多的传统游戏所采用。每个小组都要猜测其他小组会如何行动,并且每一轮既要保证自己的资源不被浪费,又要保证自己能存活。在过程中可以观察小组成员是如何沟通的,小组与小组是如何沟通的,是否存在欺骗,遇见背叛如何应对,遇见小组之间的结盟如何应对等。

倡导和鼓励企业自组织

如果组织过企业的活动,就会发现公司内部的活动组织非常困难。总结来看,企业的活动一般分为两种。

一种是自上而下布置推动的。例如,企业召开读书会,要求员工每天打卡签到,否则要惩罚。领导指定一本书的阅读任务,由专人来监督,并建立读书打卡群。这种模式下,活动的延续依赖于领导的重视,当领导的重视性降低,或者以其他工作为由推辞参加活动时,员工就会想方设法地逃避这一类活动。

另一种是自下而上兴起的。例如,一些伙伴喜欢探索美食,一些喜欢喝酒,一些喜欢跑步,一些喜欢打羽毛球等。员工将生活中的爱好带入工作中,在同事中寻找"搭子",就能组织起小范围的活动。这类活动的目的较纯粹,参与者大多只是希望通过活动获得"多巴胺"。当活动的核心组织者发生调动或离职后,公司中的这些活动可能就会逐渐暂停。

很多时候,企业为组织活动付出了大量的财力、物力、人力,却没有得到员工的称赞,反而引起诸多抱怨。对于00后员工来说,工作以外的任何活动都可能是对私人生活的侵占,让他们感到委屈。

管理心理学上著名的霍桑实验告诉我们,人的行为更大程度上受情感而非理性所左右,而相比于官方组织,职场人更容易受到非正式组织的影响。因此,在员工活动这件事上,企业应该更多地采用引导而非强制的手段。有监管和被指派的活动并不会给员工带来实际的愉悦感,反而会成为职场压力，员工自发组织的"游戏"，才是企业可借鉴为团建活动的较好题材。

实际上，为了更好地吸引员工参加团队活动，一些公司在招募员工的时候已经开始注意筛选有某种爱好的员工。比如，万科就要求每一个员工至少有一项喜欢的体育运动，这就是未来给员工组织活动的切口。对于00后来说，可以挖掘他们喜欢某一类游戏、综艺、漫画的情况，从而制造话题。通过筛选话题，有条件地控制企业团队的成员成分。

公司组织的活动应随潮流而变化。例如，当《奔跑吧兄弟》大热，撕名牌游戏非常火时，大家就可以来撕名牌；当《灌篮高手》动画电影上映时，可以组队打篮球；当飞盘、桨板运动非常火时，就可以组织此类活动；等等。迎合当下的社会热点话题或一些新奇的内容，企业可以尝试成为第一推动力，以提供奖励等不同方式引导员工积极健康地生活。借由这些活动，企业还可以宣传与传递价值观。

423世界读书日，公司期待员工进行图书分享，那就可以在公司倡导的每一次健康活动之后给予图书、文具等奖励。城市有马拉松活动，感兴趣的伙伴可以组团夜跑，公司就可以提供保险、服装，并且给予茶水饮料的支持。元旦节庆，可以组织员工分享新年的目标，提升团队成员的共识。让各类活动在公司的支持下呈现出百家争鸣的态势，最终由公司来倡导方向，并选出适合的活动用于团建，这样的团建形式能获得更多的支持。

企业管理者要有善于发现团队成员动态的眼睛，了解成员的生活状态和心理状态。有孩子的员工注重亲子局，年轻人更愿意吃喝玩乐或参加新潮活动，所以哪怕只是号召聚餐，也应该选取员工普遍喜欢的方式。很多00后讨厌酒桌文化，不愿意迫于领导压力而喝酒，那么领导要理解这种心态。团建未必要"折腾"员工，让员工心里舒坦也可以达成团队建设的目标。

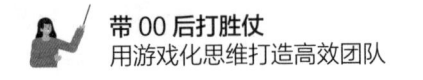

搞定00后团建的秘密

很多人说00后很难搞定，实际上不难。我们关注00后热爱什么，对于00后足够了解，那么就可能打造00后也愿意参与的团建活动。一个活动要吸引人，我认为需要满足8个字——情绪体验，物质激励。一个成功的活动，要么让人感觉很开心、很有价值，要么能够给人带来实际收获。具体来说，评价企业团建有三个维度：

1. 员工的活动自主性

在企业中，越是企业组织的活动越具有目的性，越是"民间"组织的活动越具有趣味性。趣味性高的活动员工更乐于参与。

活动的好坏可以通过这个活动吸引了多少人参与，参与的积极性是否高来衡量。应该没有什么员工想去一个军事化训练营参与两天一夜的拉练，或者找个青山绿水的地方蹲在会议室听一群人大谈特谈。员工会用实际行动来对活动投票，活动组织者要通过分析过往活动的具体数据来评估活动的有效性，从而提高员工参加活动的积极性，一些不适合的活动就可以取消。以吃为例，公司下午茶的品类五花八门，但综合来看，炸鸡、炸串的去化率较高，而绿豆汤容易有剩余。

2. 员工活动的参与度

在企业的任何聚会中，参与的程度越深满足感越高，所以领导天天喜欢在会议上多讲几句。同样道理，在一个活动中，如果员工只是观众、看客，过来参观一下，随时都能脱身，那么员工的参与度不会高。如果员工能在其中做一些工作，参与一些项目，那么会大大提升员工的积极性。

举个例子，公司过往的活动会准备很多的零食，员工一般也就是挑几个好吃的，剩下一堆零食，非常浪费。在某次活动中，我们使用了套圈的模式，把零食摆在地上，让员工自己去套圈获取。如此一来，员工得到零食后的满足感会大大提升，零食的浪费现象也大大减少。对于公司来说，这真的是非常省钱的一个活动，100元钱的零食还剩下一大半，再办一场活动绰绰有余。

活动组织者看到年会、综艺中简单好玩的活动都可以记录下来，在组织公司活动的时候可以借鉴。此外，活动组织者要把自己当成一个活动公司，要制作活动的流程表（每个环节员工需要做的事情，安排互动），评估每个环节员工的情绪，绘制员工的情绪波动图。在某些节日有一些固定的习俗，比如元宵节吃汤圆、圣诞节交换礼物等，但具体的操作形式（怎么吃，怎么换）可以动心思，以加深员工的参与度。

员工活动参与度高的一个表现就是发朋友圈分享。我会将发朋友圈的数量统计出来，作为呈报给领导审阅的其中一个数据。

3. 员工活动的获得感

员工从活动中得到的实际收获可以分为物质收获和精神收获。以物质收获来说，多是指企业逢年过节发放的奖金和礼品。这类物质奖励根据公司的实际情况差异较大。在互联网发达的情况下，各个公司的员工免不了做横向比较。为了在经费有限的情况下让员工礼物晒得更开心，现在企业越来越重视包装，也就是用文化附加值弥补了一部分的价值差异。有些公司已经开始体系化纪念品，通过制定勋章体系来制造独一套的价值衡量标准。这些勋章看起来不起眼，实际上定制起来也需要设计的巧思和不菲的经费。经费实在不足以分配到每个人身上时，还可以选择全部买甜品、茶歇。甜品总是会让人心情愉悦。

勋章体系体现了企业文化，对于获得的员工来说，不仅是物质收获，也是精神收获。除此之外，活动的氛围也是提供精神价值的关键因素。参加过婚礼的伙伴都知道，婚礼现场的好坏主要取决于氛围。氛围的制造有经费较高的模式，也有经费较低的方法，具体情况可以依据活动重要性等因素来安排。对于经费较低的情况，使用灯光、蜡烛和气球等就能够布置出良好的

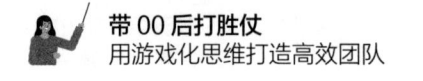

气氛。

良好的气氛会促使员工拍照留念、发朋友圈。对于拍照这件事，活动组织者也要花费一些心思。很多公司年会邀请专业的摄像团队全场拍照，就是为了拍出美美的照片，在活动后可以高调宣传。如果只是一般的活动，可以请擅长摄影的员工，或者活动组织者亲自上场拍照。专业的拍照设备不可少，至少也要为手机配上固定三脚架。

企业团建四大口诀

了解了评价企业团建的维度，下面用四大口诀来给大家讲述如何构建一次良好的团建。

口诀一：不要占员工便宜

团建归根结底是公司活动，是企业想要增加员工对团队的认可，那么首先就要消除员工的顾虑。有些公司选择晚上、周末时间来组织团建，这占用了员工的休息时间，是在占年轻人便宜。公司会算账，员工同样会算账。年轻人可能想要在休息时间旅游、健身、学习、睡觉，如果团建与年轻人自己的安排冲突，自然会引起反感。

有些公司团建还要员工花钱，这也不合适。对于企业高层来说，团建分摊的费用可能微不足道，但对于新员工来说，这一笔钱可能就是压死骆驼的最后一根稻草。何况，如果非要花钱来玩乐，何必花在公司团建上，自己去其他地方玩不是更开心吗？所以，如果公司的预算不够，宁可选择不怎么花钱的项目，也不要让员工为团建买单。只要定位是团建，无论是吃饭还是活动，老板可以大气一点，不仅不要员工出钱，还可以让员工带家属，甚至家属也不用交钱。这一方面展现了公司对员工的关怀，另一方面能向社会展示公司的综合实力。

口诀二：将公司打造成明星

公司组织团建，掏空心思也吸引不来年轻人，而明星开演唱会，一张门票炒到天价还是让粉丝趋之若鹜。这是为什么呢？是什么让粉丝如此狂热？我曾经问过一些热衷于追星的同事，他们给出的答案各不相同。有的说某个明星非常励志，看着他一路成长，自己也能获得力量；有的说某个明星充满正能量，歌声甜美，能给自己带来精神鼓励。总而言之，追星能够给粉丝带来精神上的满足。

团队建设从本质上来说就是让团队成员追随领导者，让群体有共同的追求，合力完成某种事业。应援是追星的一部分。在应援活动中，大量粉丝会聚集起来，为自己共同热爱的某个明星、团队，设计海报、灯牌、荧光棒、人形立牌，专门组织为明星投票、点赞、留言，甚至自发维护明星的话题、热搜，进行二次宣发，等等。他们省吃俭用，却愿意购买昂贵的门票，抢不到票甚至可以在场馆外等待一整天，只为了看自己喜欢的明星一眼。

在应援过程中，他们的团队非常高效。他们会制订活动的日程和方案，由专人维持秩序，甚至制作统一的服装道具。这些都是他们自发的行为，甚至大多数情况下都是自掏腰包。运作比较好的明星应援团堪比一家企业，而其中的主力甚至是学生。

很多管理者会想，如果公司团建也能达到这种效果就好了。为此，管理者要将公司打造成明星，利用明星效应，让员工以企业为荣。公司要打造自身的"人设"，树立自己的品牌，在团建时选择有档次的酒店、有文化调性的历史建筑，甚至包下富丽堂皇的游艇，让员工成为被公司宠爱的粉丝。

口诀三：提供参与获得感

为什么员工不会因为错过团建感到可惜？因为他们觉得这个体验不重要。实际上，体验感是一种可以设计的产品，可以从宣传的角度来设计活动。如果一场团建活动外人不得而知，错过团建的伙伴也不觉得可惜，但是如果一场团建能拍摄出大片质感，铺上红地毯，打上聚光灯，甚至摆上蜡

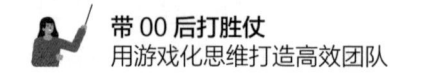

烛，活动结束后还提供限量的伴手礼，那么错过活动的你会作何感想？

如果团建邀请了专业的摄影师，通常会要求给每个参会者都留下至少一张美美的照片，供员工发朋友圈使用。有时候，团建现场会摆上手牌、好看的蛋糕和气球等，主打氛围感。

很多员工喜欢收集。60后70后喜欢集邮，90后喜欢收藏联名限量款，00后喜欢收集游戏皮肤、游戏成就等。对于追星族来说，明星的小卡、签名也是难得之物，甚至能够产生现金价值。如果一场团建也能让员工收集一些东西，员工就能产生一种参与获得感，错过团建的员工就会感到遗憾。例如，公司可以为每一次团建设置一枚特殊的成就勋章，给参加活动的员工提供抽取限量版手办的权利，等等。

企业文化可以融入公司团建活动中。例如，很多公司会将自己的产品做成1∶1的缩小版限量模型，或者把公司内部文化标签做成服装、饰品，把公司的口号、规则印在扇子或鼠标垫上。针对不同主题的活动，设计特殊的贴纸、钥匙串、打火机；针对不同的星座、生肖，设计行事历、笔记本等。这些文创产品不仅可以用于团建，还可以作为公司的外交礼品，赠送给客户，甚至可以单独售卖，为公司创造收益。在缺乏预算的情况下，还可以使用AI生成公司的电子卡通形象。

让员工可以收集、可以分享，这样员工就能从团建中得到参与获得感。

口诀四：制造团建的记忆点

任何团建活动的效用都只能维持1周至3个月，即使团建的设计与布置让员工有氛围感，收集和分享活动让员工有参与获得感，员工对于团建的记忆也会随着时间流逝慢慢变淡，最后只留下一种积极或消极的印象。

再以明星为例，有些明星一炮而红后迅速地归于沉寂，被人遗忘，而有些明星能够长久地留在大众的视线中，让人们念念不忘。这是为什么呢？其中一个原因在于"曝光"的频率不同。当社交媒体上反复地出现某个明星的海报、宣传视频、照片时，这个明星就会更加频繁地被看见，从而被记住。

借助这一原理，公司也可以创造自己的热榜和头条，经常性地回顾历史事件。

团建不能只是一年憋一个大招，而应该是高频次、潜移默化地渗透。公司可以采用内部发布会的形式增加内部曝光的机会，让员工充分获知信息，从而对齐管理层、部门与员工间的认知，方便更好地完成之后的任务。内部发布会讲求的就是一个及时和高效。无论是公司产品重大突破，还是个人创造历史最好成绩，甚至是项目团队的"绯闻"，都可以通过简短的沟通形成连续剧式的剧情，鼓励员工"催更"，关注项目的进展。在这一过程中，管理者还能了解员工对项目的预期，认识到一些决策做得不到位，可以做好内部公关，及时纠正，从而实现项目的良性反馈。

最后总结一下，将这四句口诀整理成一首打油诗：

团建不花员工钱，形象"明星"做代言，参与获得最打紧，制造团建记忆点。

如果还是记不住那也没关系，就记住一句话：公司要成为明星，用团建宠粉，让员工追星。管理者要设计好明星的"人设"，让更多的员工喜欢和支持自己的公司。哪怕员工未来离职，公司依然是他们曾追随过的一个不错的组织，他们还会时时关注企业的情况，说不定仍然有合作的机会。至少，不要让员工离开后还说公司的坏话，这很重要。

第六章

任务驱动，激发新生代员工实现 KPI

CHAPTER 6

已读未回，一下班员工就玩"失踪"

想象一下，如果你对着AI提问，但AI只是在转圈，显示正在输入，半分钟过去了仍然没有给你回应，这是一种什么体验？我想大概率你会开始检查你的网络信号，会疯狂地刷新，会有一些急躁和焦虑。实际上，这种状态就是管理者面对"已读不回"的新生代员工的困局。

2015年，办公软件"钉钉"上线，推出了一个叫作"已读"的功能。相较于微信聊天，在钉钉中，信息只要被查阅就会出现已读，反之会出现未读。信息时代，我们长期处在电话、短信、工作群信息的通信网络之中，个人空间都被压缩。而为了提升生活的质量，降低被打扰的概率，00后极端地选择了拒绝联系这一方式。

"已读"功能成为员工的噩梦。下班在家的时候，领导说要一个PPT，这时候你看见了不好拒绝，因为显示已读，而不拒绝就要加班。"已读"功能虽然缓解了发信息者的焦虑，却使收到信息的人大为惊恐。2020年，腾讯针对QQ进行了问卷调查，调查结果显示，71.6%的人选择了"推出'消息已读'我就卸载QQ"，仅有446人愿意支持已读功能。"逃离工作"成为新生代员工的日常。下了班，他们就希望和工作做好切割，希望在从事工作的同时，还能保有个人的生活时间。其实这个要求并不过分，只是在过去被我们时常忽略。

企业管理并不害怕冲突，害怕的是无法理解冲突。已读未回的原因可能很多，可能是员工工作意愿度不够，也可能是员工对该内容不清楚，又或许是当下有客观原因无法处理，还可能是领导太强势，对时间安排不合理。总之，出现了一些管理问题。很多老板和管理者会觉得这是员工没有责任心，

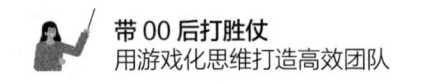

对工作不热爱,甚至有管理者表示:"新生代员工就是不行,他们就不愿意承担责任。"

实际上,00后的责任心也非常强,也愿意承担更多的责任来获得更多的成长,只是他们对工作任务的理解和认知与过去的员工并不相同。00后员工会认为,他们的任务更多的是基于职责与任务,而不是去拿外卖、早点去办公室烧水、扫地。很多00后在网上抱怨,明明后天才用的东西非得晚上就要;明明下周一可以提交的内容,非要周五加班完成,是不是非要显示领导权威?管理者也应该反思是否有必要过度地占用员工的下班休息时间,评估这件事是否真的非常紧急、急迫,不得不立刻与员工进行沟通。

任务失败是谁的责任?

任务失败就是管理的失败,所谓的执行力不行就是管理不行。因为管理层有决定权,而执行者只负责执行。执行不到位可以换执行者,而目标定义错误或者方式方法选择错误就有可能永远无法实现目标。

表6-1 任务责任分析

任务失败是谁的问题?		管理者	
		清楚明白	摸索创造
执行者	清楚明白	执行成功,目标一致	执行成功,目标不一致
	摸索创造	执行失败,目标一致	执行失败,目标不一致

第一种:最理想状态,管理者明白,执行者明白。任务执行一共有四种状态,最理想的状态是管理者目标明确、传达清楚,执行的人接受清晰、工作到位,结果就是成功完成相应工作。这就是老板心中最期待的团队合作,但是往往比较难以达成,企业常会陷入第二种状态。

第二种:管理者明白,执行者模糊,还在摸索创造。这里有两个可能,一是管理者传递信息的能力有问题,没有确定执行者是否已经明白,或者公司的管理水平不足，没有给予员工相应的工具以及工作手册。二是执行者能力有限，管理者给予足够的信息和工作方法后，执行者没有办法执行到位，或者出于某些原因事情执行不下去，结果失败。无论如何，任务的执行都是一种管理者为主导的工作模式。

第三种：管理者对于目标模糊，还在摸索创造，执行者掌握必要的任务管理工具，了解管理者所需要信息，执行成功，但是结果与管理者想要的有很大差别，或者在执行的过程中管理者的需求发生了重大变化，导致虽然任务执行成功了，但是与管理者的目标不一致。

第四种：管理者还在探索目标，执行者未能掌握执行技能。管理者不明确自己需要的目标，执行者也不明白怎么样执行目标，导致没有任何执行。这就需要一方面加强招聘，另一方面增加团队磨合。如果不幸地处在第四种情况的团队，建议要么全盘推翻，要么赶紧离开。上面不明白，下面做不了，团队招来的人一个比一个能力差，团队的管理者就凭借这样的优势刷优越感，那么这样的团队有什么存在的意义呢？

总结一下，执行不到位我认为绝大部分是管理者的问题，管理者没有传递清楚正确的信息，或者使用恰当的人选。所以要保证执行的成功，就要提升管理者对执行任务的认知。

任务如打怪，发布你的"悬赏"

在大型游戏中，会有NPC为玩家提供各式各样的任务，促使玩家经历游戏的剧情故事。同样，在企业中，新员工的领导或者引导者也会告知员工工作的目标，促使员工完成。

用游戏化思维打造高效团队，首先要了解游戏的机制。

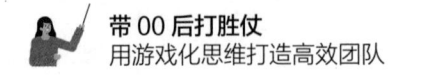

综合管理循环5步法

基于整个章节要讲述目标管理、任务管理、项目管理、时间管理等管理学的名词，为了在适用范围内准确使用管理名词，就造了一个词叫作综合管理循环，包括以下五个步骤。

目标管理（objective management）：在企业中，任何内容都离不开目标。企业的目标从战略管理中获得，部门的目标基于组织的分配与每个岗位目标的叠加。任何开端都需要有一个目标。我们会采用GROW*模型详细地拆解目标管理，确保目标明确，沟通背景信息，增强执行者的意愿。目标与结果一直是成对出现的两个概念，在企业管理中，可能领导的结果就是下级的目标。

关键结果（key results）：提出关键结果，就是说明在什么情况下目标算是完成，或者在什么情况下判断结果失败，例如超出预计时间、预算。这一步骤突出确定关键结果，用于衡量目标的实现程度和绩效表现，主要使用SMART†原则描述需要完成的结果并进行绩效考核。我们通过结果来检验目标是否达成。

通常我们会采用一句话的方式来形容目标与结果，例如"3个月内依靠游泳+饮食改善减肥30斤"。这句话需要包括条件限制（时间、金钱、其他资源投入）、行动方式（达成目标的行动，越具体越好）和具体可描述的目标（具体的数字）。

提出假设（formulate hypotheses）：我们在目标与结果之间画一

---

* Goal（目标）、Reality（现状）、Option（方案）、Will（意愿）。
† Specific（具体性）、Measurable（可衡量性）、Achievable（可实现性）、Relevant（相关性）、Time-bound（时限性）。

条线，提出假设就是整个行动的第一个步骤，我称之为"模拟"。很多公司并不缺少明确的目标，但是缺少对过程的假设，导致行动上频繁受阻。假设主要解决的是达成目标的资源投入与行动是否合理的问题，那么要学习提出假设，模拟目标中可能存在的问题，并提供相对应的解决办法。非常多的军事沙盘、企业沙盘就采用了这一思维。这一阶段侧重于发展假设和猜想，以确定达到目标所需的最佳途径和方法。这是工作中第一次"执行"工作内容。

例如，当我们的目标设定为招聘营销人员，而结果通过SMART原则描述后，提出的假设就成为我们完成目标的自我检验与逻辑，并且通过详细的假设成为新的关键里程碑目标。

表6-2 针对目标提出假设

目标	假设1	假设2	假设3	假设4	假设5	关键结果
招聘营销人员	市场上有足够数量的符合公司要求的营销人员求职	招聘团队具备有效的招聘和筛选流程，能够高效地找到合适的候选人	公司提供的薪资和福利待遇具有吸引力，能够吸引优秀的营销人员	招聘团队有足够的资源和支持，能够开展广泛的招聘活动	公司的品牌形象和声誉在市场上有一定优势，能够吸引候选人	在3个月内招聘到符合公司岗位说明的营销人员10名

行动计划（action planning）：行动计划属于日常常用的任务管理阶段。在执行计划过程中，我们会采用一系列的管理工具监督任务的进度，通过时间管理和项目制的考核完成相对应的行动。该步骤注重制订详细的行动计划，明确执行任务、达成目标的步骤和时间计划。这是工作中第二次"执行"工作内容。

复盘（retrospective）：实际上，任何工作内容都可以进行复盘，通过针对工作内容的复盘而完成。一项工作实际上可以做三次，好的复盘会让公司的效率提升，而减少无效的损失。这一步骤强调对过去执行的回顾和评估，通过总结经验教训和反馈信息，改进未来的执行效果。这是工作中第三次"执行"工作内容。

```
目标管理 ←——————— 提出假设    行动计划 ———————→ 关键结果 ←———→ 复盘
```

图6-1 综合管理循环

五个步骤的关系如上图。首先明确目标，然后得出关键结果。在此期间，提出假设并建立行动计划，将目标追求付诸行动。最后对结果进行验证对比，复盘整体环节，进行逐步优化。

发布你的悬赏任务

在企业管理中会有很多超过职责的工作，无人愿意承担，最终只能由领导指派。例如，端午、中秋到了一卡车的礼品，搬运工作要行政人员来完成，但公司大部分行政人员是女生，又无法调动公司其他的员工来帮忙搬东西，所以只能通过同事关系，又或者由领导指派新员工来完成工作。

企业不仅要考核绩效，也会面临很多现实管理问题。使用绩效激励以外的"悬赏"，令员工完成非本职岗位的任务也能获得激励，成为公司需要的一个环节。

关于这些悬赏任务，大概可以分为以下6类。

罗辑思维创始人罗振宇早期就阐述过自己公司的内部管理采用了"节操币"这种代币。一个月一个员工可以获得10节操币，相当于人民币25元，可以在企业周边的便利店使用，但是节操币不能自己使用，只能通过赠送给别人来使用。这一举措促进企业内部的相互鼓励。依靠的就是员工日常管理事项的行为奖励这一原理，鼓励员工建立联系。

同样，公司员工提出了改进方法，降低了财务成本，分享个人近期学到的工具技术，召集伙伴进行学习，或者看到网上有公司黑料，及时地举报和

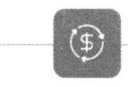

| 财务成本项 | 企业宣传项 | 学习成长项 |
| 对公司成本降低做出贡献 | 宣传公司的品牌价值 | 主动分享专业技术工具 |

| 员工奖励项 | 特殊奖励项 | 日常管理项 |
| 对工作业务做出额外贡献 | 公司针对临时事项的特殊发布 | 任何公司发生的事项奖励 |

图6-2 公司的悬赏任务

告知公司的相关部门，这些行为都值得奖励。具体如何奖励，依托于公司管理者的设计与引导。

表6-3 积分管理详细拆分

维度	积分项	积分项定义
财务成本项	成本降低	开拓公司主营以外业务
		提供适合降低成本的渠道
企业宣传项	常规宣传	替公司宣传文稿
		提供企划需要的宣传素材
	创意思路	提供良好的企业宣传思路
	企业价值观	帮助公司进行正向言行的宣传
特殊奖励项	专项任务	一段时间内占工作比例项目
		公司暂未设立岗位，完成过渡性任务
学习成长项	个人素养	提升个人的岗位技能水平
		岗位职称资格、资质的认证
	知识分享	企业内训授课与参与分享
		企业课件、课程的开发

续表

维度	积分项	积分项定义
学习成长项	培训参与	参与内部组织的学习
		参与公司组织的外部学习
		完成培训所有考核内容
		反馈心得体会与培训评估
员工奖励项	荣誉奖励	对于员工的鼓励和奖励
	优化建议	对于公司的管理提出建议
日常管理项	日常奖励	无标化随机积分奖励

积分管理的设计与开拓，实际上可以嵌入到不同公司的各种运营形态中，结合精神奖励与物质奖励，将公司的战略规划、薪酬绩效与企业文化相整合。积分管理的介入可以将企业文化作为一种战略资源去设计，通过分析企业文化积分的模式，又建立起员工的日常行为规范的激励模式。企业希望通过积分管理，劝导一些本只能依靠员工道德自驱的行为。

	明确企业管理价值观，提升员工绩效，激励员工发展					
积分设立目的	企业价值观			员工激励发展		
积分项目设计	财务成本项	品牌宣传项	特殊奖励项	学习成长项	行为奖励项	日常管理项
积分标准设计	确定不同积分项的标准设计以及使用兑换的标准值					
积分管理机制	管理运用		员工自我管理	人力资源标化		短期行为导向
制度落地支撑	动态的积分管理机制：积分的规划、培训人力岗位能力标化、动态的日常行为奖励、获取与使用的流程、奖励机制的常态化、与绩效相互管理补充参考项					

图6-3 积分管理的底层设计

同样，有了悬赏自然也要有奖励，悬赏任务如何激励？在设计之初就考虑积分可以兑换年终的一些福利礼品，还可以组织"拍卖会"，通过竞拍的方式获得一些高额的奖励，例如出去旅游，获得最新的科技产品等，来促进员工日常参与行为，并减少绩效考核无法覆盖的难题。

表6-4 公司福利项目清单

公司体检	迟到卡
电影票	带薪休假
购物券	外出旅游
健身卡	个人教育培训
美容卡	与高层共进午餐
周边餐食代额	其他相关项

有了相对应的激励机制，公司就可以在公示栏、OA通知提前召集伙伴处理公司存在的难题。每个部门可以各自针对部门内有的权限进行划分与发布任务。将任务公开地发布出来，详细地写清楚需要的结果，并且对其目标提供一些奖励。

很多互联网公司通过游戏管理工具App来实现更加深层次的交互，为员工完成的任务提供经验值，设计不同的等级，提供更加细化的成就体系，还增加类似支付宝红包的"沾沾卡"功能，让员工获得复制其他员工奖励的机会。

项目管理立项制度考核

有经验的管理人员可能看出来了，任务悬赏实际上就是比较小型的"项目管理"。项目管理其实就是日常工作管理，项目的管理者在有限资源的约束下，运用系统方法和理论，对项目涉及的全部工作进行有效的管理。即从项目的投资决策开始到项目结束的全过程进行计划、组织、指挥、协调、控制和评价，以实现项目的目标。

表6-5 项目工作与基础岗位工作的区分

基础岗位工作	项目工作
保障性工作岗位	临时性突发工作
维持流程运行与工作	突出性职能
对部门负责	对项目组长负责
长期的、固定的	短期的、不确定的
了解范围有限的	涉及范围多样的

图6-4 "BOSS不在"App截图

企业中有很多工作以外的任务需要跨部门、跨职级地去执行。互联网公司就经常采用项目制的管理方式。项目管理同样需要用到综合管理循环5步法，来具体地达成项目成员之间的共识。共识可以通过开会、沟通等方式完成，结合会议议题讨论并跟进表格的内容。完成项目考核需要的共识，主要包括项目的名称、背景、时间节点，以及评价项目的标准。关于项目的假设与约束条件、不同成果的奖励依据，以及提出人与被提出人的沟通签字，具体可参考立项表格，还可以配套项目看板，由公司主要的管理者或监督者来监督项目的进度和时间，做好不同项目之间的协调与会议工作。

项目管理，任务发布有进度

> 管理者和员工关注他们曾经衡量的事情，但无法管理好他们不打算衡量的事情。

项目管理执行最重要的是关注任务的进度，动态调整极端性目标，不断检查假设。了解一个项目具体进度的最好方式就是"责任到人，不断关注"。想要管理目标，最好每日都检查目标。公司各部门都公开自己近期的任务与进度条，每个人都呈现每天做的工作内容。

这就形成了现在较为流行的OKR考核，员工与部门都公开自己年度的目标与任务，并且通过不断对齐工作目标与任务达成工作。当然，这会导致另外的问题，一方面是员工被监管的心态形成后就会变形，另一方面很多涉及研发、生产、销售的机密无法完全透明公开。所以管理者需要掌握其中的平衡。

> **参考资料**

立项表格 & 项目看板

立项表格

项目策划/任务书			
一、项目基本情况			
项目名称		项目编号	
项目提出人		项目跟进人	
项目负责人		制作日期	
项目开始时间		计划完成时间	
二、项目描述			
1.项目背景与目的（所有的项目均起始于某个问题，该部分简要描述这些问题）			
项目背景： 项目目的：			
2.项目目标（包含时间目标、费用目标和交付内容与特征的主要描述）			
三、项目里程碑计划（包含里程碑的时间和成果）			
四、评价标准（说明项目成果在何种情况下将被接受）			
五、项目假定与约束条件（说明项目的主要假设条件和限制性条件）			
假定： 约束：			
六、奖惩结果（达到什么等级做什么奖惩结果）			
S: A: B: C: D:			
七、项目确认签字			
项目提出人：	项目负责人：	项目跟进人：	总经理：

项目看板

序号	项目	细项	目前状态	采取措施	完成标识	申请资源	执行部门	协助部门	跟进人	启动日期	计划完成日期	实际完成日期	延期或者改动计划原因

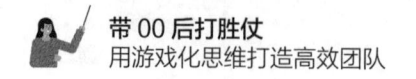

公司里的时间管理

时间管理实际上就是针对目标的管理。时间管理的目的是什么？就是完成目标。为了完成目标而集中资源去做这件事，这样的时间管理才有意义。当我们通过会议达成一个目标，或者自己接受了一个项目悬赏目标后，我们会形成一系列的任务清单。

最好的时间管理方式就是每天把自己要做的事情写在工作日历上，贴在自己的工位，实时提醒自己，同时也提醒你办公区域内的其他伙伴，你目前在做的主要是哪些内容。

早期，工作日历是纸制的，甚至是用A4纸自制的，一页为一月，将每天要做的事情都记录在格子中，后来逐渐升级为电子Excel台账。

十二月 2025年						
星期一	星期二	星期三	星期四	星期五	星期六	星期日
1	2	3	4	5	6	7
8	9	10	11	12	13	14
15	16	17	18	19	20	21
22	23	24	25	26	27	28
29	30	31	1	2	3	4
5	6	备注				

日历月：十二月
日历年：2025年
一周的第一天：星期一

图6-5 好友制作的全自动日历

后来就有更多的工作可以通过电子办公软件完成，从而节约纸张，并且更好地完成线上协同办公。每完成一个任务就势必要在其后面打钩或者直接划掉，来强化搞定事情的反馈，这样会让自己更加有成就感。

不过有时候看到密密麻麻的事项，会感到疲惫，这时候我就会给自己内心一个倒计时。5、4、3、2、1，Ready go！最好可以播放一个赛车游戏开始的背景音乐，让自己动起来。这是一种最简单的迫使自己动起来的心理暗示。在大脑中思考下一分钟要做哪些事情非常重要。这个方法还可以用在员工的项目管理上，当你希望确认下属的状态，或者明确自己要做的任务时可以询问：

○请用1分钟说清楚你的目标。
○之后的5分钟你要做什么？
○接下来的1小时要完成哪些内容？
○1周可以完成的进度是多少？
○下一次会议我们可以讨论什么？

第一次和你合作的员工或许反应不过来，但和你合作久了的团队会时刻注意任务和接下来每个任务的行动步骤。1946年，美国西屋电气公司的梅纳德、施瓦布、斯泰格梅登首创，并于1948年公开了"方法时间衡量"（methods-time measurement，MTM）法。为了更好地计量时间单位，他们将1秒钟拆分成27个时间测量单元（time measuring unit，TMU）用于更好地划分工人每个动作需要的标准时间，以达到更为精细的管理。

在过去，我们经常会听说时间管理四象限，以紧急性和重要性两个维度进行划分，但在工作中，我们有时候无法区分不同事件的重要和紧急情况，所以结合实际工作需要，我们重新调整了时间的管理安排。我们将工作中不同场景下的时间重新划分为四大模块，分别叫作打怪升级、救火队员、固定

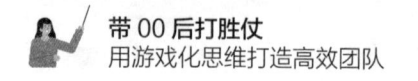

日程和辅助治疗。

每个人都是自己生活的专家，但是每个人想要从事的职业和实现的目标是不同的，所以我们要不断地打怪升级。领导者定义问题并且制定针对目标的里程碑来鼓励大家完成，同样地，每个个体也在过程中完成自己认为最为重要的事情，或者尝试自己非常想尝试的人生经历。这些内容放在第一部分。

第一部分是狭义上的工作计划，也称为每天的成长计划。例如，学生的本职工作是上课、看书、考试。每个学生都有自己的学习计划，每天需要掌握一定量的知识点，这是打怪升级的重要事项。每天的重要事项不要太多，能完美完成1~3件实际上已经非常了不起了。

另外，我们在做重要的事情时经常会被打扰，不得不停下打怪升级。每当被其他事情打断的时候，我都会做一个评估，就是预估这件事是否能在5分钟内完成，如果可以，我就迅速完成，顺便处理其他之前遗留下来的杂事，如拨打一个电话，起来倒一杯水等；如果不可以，就将这件事快速写下来，之后思考是否要完成。

第二部分的工作是救火队员，顾名思义就是火烧起来了，所以我们要救援，这些是紧急的事情。紧急的事情无论重要还是不重要，因为烧起来了，所以我们要去救火，以免自己被烧到。但是每个人对于什么是火这件事认知是有区别的，所以每个人要好好地分析什么才算真的急。

建议参考番茄工作法中抗打搅的手段，去询问自己。

- 能不能拒绝？
- 能不能稍后回答？
- 两件事情相比，哪件更加重要？
- 能不能合并一起做？

只有正确判断哪些是真的紧急的事情，才能合理支配时间。例如，学业

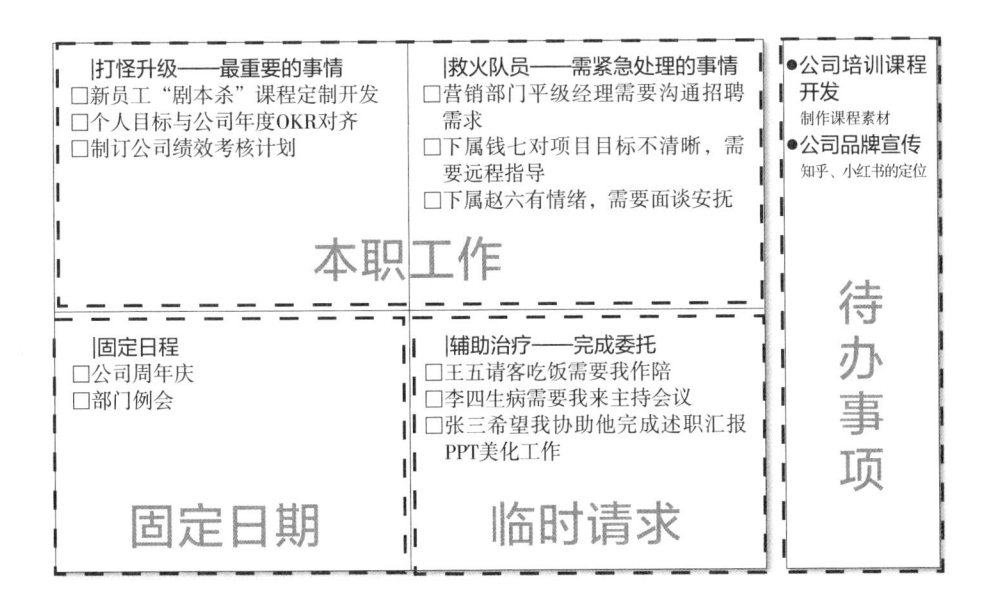

打怪升级——最重要的事情	救火队员——需紧急处理的事情	● 公司培训课程开发
□ 新员工"剧本杀"课程定制开发 □ 个人目标与公司年度OKR对齐 □ 制订公司绩效考核计划	□ 营销部门平级经理需要沟通招聘需求 □ 下属钱七对项目目标不清晰，需要远程指导 □ 下属赵六有情绪，需要面谈安抚	制作课程素材 ● 公司品牌宣传 知乎、小红书的定位
本职工作		
固定日程	辅助治疗——完成委托	**待办事项**
□ 公司周年庆 □ 部门例会	□ 王五请客吃饭需要我作陪 □ 李四生病需要我来主持会议 □ 张三希望我协助他完成述职汇报PPT美化工作	
固定日期	**临时请求**	

图6-6 "日事清"软件截图

非常重要，而某个重大比赛、活动非常紧急，与上课时间冲突。有一些伙伴会选择去参加比赛、活动，有一些伙伴还是会选择学业，这就是每个人基于紧急与重要判断做出的个人选择。

第三部分工作是辅助治疗。人在江湖飘，哪能不挨刀，当然不一定是自己挨刀，也可能是同行的伙伴。当伙伴向你寻求帮助的时候，你要先衡量自己能不能完成，不要去承接自己处理不了的问题。此外，即使你觉得自己能够处理，也还要衡量值不值得帮他。例如，如果帮忙可以为你带来好处，或者这个忙本身就是互利互惠的，那么就可以伸出援手。

第四部分工作是固定日程。公司有非常多的例会、项目会、庆典等，这些日程一旦固定下来就不会更改。这样的事情需要记录在日程表上，避免遗忘或与其他事件产生冲突。合理安排自己的时间既是对自己负责，也是对他人负责。

这就是我认为的四部分工作。所有的"管理"，核心都是"自我管理"，而"自我管理"的核心是"时间管理"。

任务进度甘特图

甘特图是由美国管理学大师亨利·劳伦斯·甘特（Henry Laurence Gantt）于1910年左右首次提出的，当时主要应用于制造业的计划和进度管理。甘特虽然被很多人认为是工程师，或者管理学之父泰罗的助手，但我个人更愿意称他为管理学"可视化"工具的先驱。

甘特图以直观的图表形式显示项目各阶段的时间进度和任务依赖关系，帮助进行项目计划和进度控制。在过去的100多年中，甘特图一直被项目管理人员广泛使用，对项目进度管理做出重要贡献。它已经成为项目管理领域的重要工具。

为了便于理解甘特图，先上一个最简单版本的例子。图6-7是公司制作员工手册的甘特图进度，其中包括项目任务名称、执行的部门（负责人）、项目完成的时间与项目进度。通过这个甘特图，能很直观地看出各个部门的任务完成进度与日期，最小单位是日。

任务	任务细化	部门	25	26	27	28	1	2	3	4	5	6	7	8	9	10	11	12	13	14	15	16	17	18	19	20
公司概述	公司组织架构	人力资源部	■	■	■	■																				
	公司文化宣传	品牌部		■	■	■	■																			
	公司战略目标	总经办				■	■	■	■																	
入职与离职	公司用人原则	人力资源部						■	■	■	■															
	录用及条件									■	■	■	■													
	劳动合同签订											■	■	■	■											
	新员工培训	培训部													■	■										
	晋升和调动	人力资源部															■	■	■	■						
	终止劳动关系																				■	■	■	■	■	

图6-7　甘特图案例

当然，随着任务的变化，甘特图的时间单位也可以是周、月、年，负责部分也可以细化到人。重要的是，由甘特图可以直观地看出不同岗位承担的任务负荷。就制作员工手册而言，大部分的工作都需要由人力资源部门来完成，因此项目进度最终是由人力资源部门的进度决定的。依靠甘特图的这一特征，公司能更好地了解不同任务给不同岗位带来的负荷程度。

现在非常多的管理工具都能实现线上作甘特图。线上作甘特图的好处是可以采用更多直观的工具算法，让甘特图更加可视化。

一般来说，甘特图需要标注具体的项目名称、项目编号、负责人等，并且参考项目立项表格将项目的信息和背景信息通过文字方式记录，以提供给参与项目的人员进行信息确认。

项目进度计划表														
项目基本情况														
项目名称			项目编号				制作日期				审核人			
项目目标														
项目概述														
序号	优先级	任务具体内容	里程碑日期	负责人	任务进度（%）	时间日期							完成情况	特critical说明
						一月	二月	三月	四月	五月	六月	七月		
1	●	公司制度制定	2025年6月1日提交计划										按计划进行	
2	●	公司培训课程开展											提前完成计划	
3	●	公司文化展览											暂落后于计划	
4	●	公司年终会议沟通	2025年7月16日前与公司高管沟通确认方案时间											

图6-8　甘特图完整样表

作甘特图时应主要注意优先级顺序，一般使用优先、重要、一般来区分项目的资源调动重要性，并且详细写清楚任务的信息内容、截止日期。其中，有里程碑节点的可以拆分任务，并且跟进项目进度，标识实际项目进度与计划进度的差距。以上就是甘特图的简要说明。

主动承诺，培养员工责任意识

责任意识是一种思维方式，是后天养成的习惯，而非与生俱来的品质。前文中我们探讨了00后员工下班后对公司信息已读不回的问题。许多管

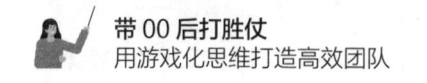

理者会认为这是00后员工责任意识不强的表现。企业通过各种管理方式来改变员工的行为。这些管理大致可以分为两个方向。

第一个方向是给予外界的推力。企业制定SOP，制定各种工作细则，将员工的工作岗位责任不断细化，甚至规定员工在不同时间段需要完成多少任务、做多少个某动作，这些都是通过给予外部推力来保证工作完成。

第二个方向是激发员工的内在驱动力。现代企业发展越来越依靠人的脑力而非体力。随着服务业的兴起，员工的主观能动性和创造性对于工作绩效的影响越来越大。企业希望员工达成某些目标，而又无法对实现目标的路径、任务进行精细化的拆分，那么就需要从培养更优秀的员工入手，让员工主动地去实现目标。因此，企业需要寻求员工的认同，促使员工与团队达成共识，发自内心地愿意成就团队。

当然，选择第二个方向不代表"放任自流"。公司可以阶段性地组织誓师大会，签订军令状，甚至可以先给大家看看奖励，以激发每个伙伴的成就动机。这里更加推荐使用项目承诺书（行为合同），给出项目形式，设定最易目标、最小行动，以及员工自行承诺的处罚标准（最小惩罚）。

可以把每个行动都做得更加有趣，还可以增加一些有趣的盘点标准。例如，在惩罚的部分可以增加连坐，团队共同接受处罚，来增强员工共同完成任务的决心。

成长就是把一件事情做三次

新生代员工会比较直接地关注工作的三方面内容：有趣、高收入、能成长。从企业管理的角度来看，很少企业能够无限地给予员工更高的收入，那么就需要从另外两个方面来给予员工更多的激励。所以，如何让工作更有趣、给员工更多成长的机会，这成为管理中的永恒课题。

行为合同的设立就是为了让工作更有趣，使员工能够自我激励，从而更好地成长。更加具体地来说，**成长就是把一件事情做三次，第一次是计划，第二次是实战，第三次是复盘。**

1.企业行动的计划——沙盘模拟

"沙盘模拟"这一术语源于军事战争。作为军事的可视化推演工具，沙盘清晰地模拟了真实形貌，同时省略某些细节，让指挥员对情势有个大概的了解。沙盘模拟通过推演红、蓝两军在战场上的对抗与较量，发现双方战略战术上存在的问题，提高指挥员的作战能力。英、美知名商学院和管理咨询机构很快意识到这种方法同样适合企业对中高层经理的培养和锻炼，随即对沙盘模拟进行了广泛的借鉴与研究。

后来，沙盘模拟演化出了多种形式，游戏化的剧本杀也是其中一种。沙盘模拟在企业中就是项目预演，它可大可小。大的可能是模拟一家企业的生产经营，小的则可能是每日的工作前会议。工作前会议主要讨论以下四个方面的内容：

本次工作的主要任务：明确目标是否已经达成共识，确保团队成员对目标已经全然理解。

达成任务的关键步骤：重复工作的关键步骤，明确是否有可优化的空间，确保全员清楚各自要掌握的步骤与时机。

预测可能存在的危机：列数过程中存在的问题，阐述可能出现的最糟糕结果。

提供应对危机的对策：每个可预见的危机是否有解决方案？员工是否已经掌握了解决方案？

这个方式可以迁移到任何其他工作中。例如，培训一名新员工电话招聘的话术，就可以向其强调电话招聘的关键步骤：确定工作意愿，确认简历信息，添加微信联系方式。在这三个关键步骤中，可能会存在以下问题：候选

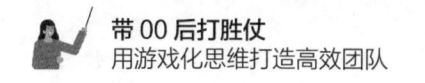

人针对岗位提出难以回答的问题，候选人的简历存在问题，候选人不愿意添加微信联系方式。针对这些问题给出应对方法，然后让员工进行提前的模拟应答。

2. 企业日常的经营——实战操盘

沙盘模拟结束就需要实际上手演练。上一篇强调了关于任务管理的内容，包括可视化任务进度，科学拆分任务，并且执行。

下一页的参考资料是个人过去针对学习构建绩效模块内容而罗列的学习任务计划。通过拆分任务，我把计划拆分为可以衡量的内容，如学习多少小时，学习多少论文数量，产出多少文字等。这是一种定量的拆分，当然还可以做定性的拆分。比如，公开发表一篇××杂志的文章，那么为了达到这个目标，就可以根据××杂志的收录标准，进行相应的任务拆分。

3. 企业经验的萃取——复盘演练

> 柳传志："复盘是联想认为最重要的一件事。"

项目开始具备仪式感，而项目结束也需要固定的复盘。复盘这一术语源于围棋，指对局完毕后，查看该盘棋的记录，以检查对局中招法的优劣与得失关键。复盘一般用以自学，或请高手给予指导分析。2001年，联想将其引入企业经营管理中。在一个项目结束后，对这个项目进行回顾，把做过的事情从头到尾重新理一次，对比预先的假设与实际行动计划的偏差，来吸取整体的经验教训。

复盘可以详细参考表6-6。重新理一次项目可以回顾目标，明确产生目标的缘由，实际评估结果与目标的差距，提出亮点与不足，最后总结在这个过程中产生的比较值得借鉴的经验，以指导下一步行动。

第六章
任务驱动，激发新生代员工实现 KPI

参考资料

读书会行为合同

公司读书会行为合同

<u>王二狗</u>同意在参与"成长共学会"期间，为自己设定下列最易目标。只有在重病、紧急情况等情形时，才能缺勤。

请勾选设定你的最易目标：

（下列最易目标可以自行增补，修改签署后将不能调整。）

☐ 每周至少做一次分享

☐ 每周至少参与一次读书会分享，并撰写活动心得（字数不限）

☐ 每天至少阅读1页图书内容，并撰写活动心得（字数不限）

☐ 其他：_____

<u>王二狗</u>同意在参与"成长共学会"期间，为自己设定下列最小行动。并在完成行动后，向群主反馈自己已完成。

请勾选设定你的最小行动：

（下列最小行动可以自行增补微调，修改签署后将不能调整。）

☐ 如果时间允许（如等车、坐车、吃饭、下班后），就在群里分享读书笔记，发布感悟

☐ 做一次分享者

☐ 其他：_____

<u>王二狗</u>同意，如果在不是重病、紧急情况等情形时，没有完成最易目标、最小行动，就在下列最小惩罚中挑选一个做，并现场或直播接受最小惩罚。清单如下：

（下列最小惩罚可以增补，不能删除，签署后将不能调整。）

☐ 直播俯卧撑100个/仰卧起坐100个

☐ 步行5公里

☐群发200元红包

☐在社群分享手抄500字学习心得

☐其他：_____

本合同自XXXX年XX月XX日开始生效，结束日期为XXXX年XX月XX日。

姓名：王二狗
日期：XXXX年XX月XX日

学习构建绩效模块内容

参考资料

1 企业战略模块资料补充

1.1 战略准备度以及相关咨询公司开展绩效前准备的模板提取

1.2 企业战略的起源微调查核心论文20篇

1.3 构建一个自己能理解的发展时间轴

2 在职公司的销售岗位绩效资料整理

2.1 整理较好的绩效考核模板,提取并储存于网盘

2.2 整理定性考核的内容,并补充相应定性考核方法

2.3 公司其他岗位的职责能力模块区分

3 制定本年度自身岗位绩效内容

3.1 现状与目标分工梳理图

3.2 盘点现有能力范围,调整并制订相关计划

4 平衡计分卡内容的再学习

4.1 重新阅读平衡计分卡三部曲内容,并提取书摘(50h)

4.2 根据现有工具制定较为方便的战略地图

【完成关键结果】

1 通过自己的表述写一篇绩效考核管理发展的相关文章

2 制定并提交一份年度绩效工作开展考核打分表,并进行打分

表6-6 复盘演练

阶段	关键活动	主要问题
回顾目标	目标澄清	当初的预期是什么？ 事件/行动想要达到的目标是什么？ 事先设想要实现的关键结果是什么？ 当初为什么定这样的预期？ 行动的初衷是什么？ 计划怎么做？预先制订的计划是什么？ 为了实现目标，采用的策略是什么？
评估结果	亮点/不足	实际结果是怎样的？ 认为亮点/不足是什么？ 这些结果是如何发生的？在什么情况下发生？发生了哪些事？ 与预期目标和关键结果相比哪些地方做得好，哪些地方有待改进？
分析原因	成功的关键因素/失败的根本原因	对于亮点，主观原因有哪些？客观原因是什么？ 对于不足，主观原因有哪些？客观原因是什么？
总结经验	改善建议/行动计划/规律、心得	我们可以从这个事件/活动中学到什么？ 有哪些可以坚持或推广的做法？ 有哪些做法待改进？ 如果有人要进行同样的行动，我会给他什么建议？ 接下来我们该做什么？ 哪些是我们可直接行动的？ 哪些是其他层级才能处理的？是否要向上呈报？

最后提供一份联想复盘表格，根据之前的四个阶段主要的问题，记录相对应的内容，形成下次经验借鉴。

盲盒奖励，给员工突然的惊喜

中国互联网络信息中心（CNNIC）发布的第51次《中国互联网络发展状况统计报告》显示，我国的网民规模已经突破10.67亿，互联网普及率达到了75.6%。这意味着，不仅仅是新生代，越来越多的职场人也深受互联网的

第六章
任务驱动，激发新生代员工实现KPI

参考资料

联想标准复盘表

联想的标准复盘表单

标准复盘REVIEW			
主题（Topic）：			
时间（Date）：		地点（Location）：	
人物（Attendance）：		用时（Holding Time）：	
概况简述 （Briefing）			
I.回顾目标：目的与阶段性目标REVIEW			
1.最初目的 （Original Intent）			
2.最初目标 （Milestones）			
II.评估结果：亮点与不足EVALUATION			
3.亮点 （Highlights）			
4.不足 （Drawbacks）			
III.分析原因：成败原因ANALYSIS			
5.成功原因 （Success Factor）			
6.失败原因 （Failure Factor）			
IV.总结经验：规律、心得与行动计划CONCLUSION			
7.规律、心得 （Key Learnings）			
8.行动 （Action）	开始做 （Start doing）		
^	继续做 （Continue doing）		
^	停止做 （Stop doing）		

189

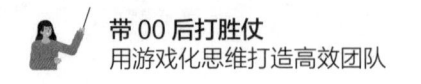

影响。

当我们谈论工作，很多人可能会有种不太愉快的感觉。绩效考核、KPI、目标任务……这些似乎都在无形中束缚着我们。然而，有些"工作"即便不支付薪酬，也能让人为之痴迷。

许多人会为了一个虚拟的奖励，熬夜打游戏，付出真金白银。很多人乐此不疲地用尽了自己的智慧，在一个虚拟的世界创造自己的存在感。这种对虚拟世界的热爱和投入使《游戏改变世界》的作者简·麦戈尼格尔得出一个有趣的结论："现实世界已经变得支离破碎，我们需要游戏来修复它。"那么，为什么不将游戏的元素引入工作中呢？

作为HR或者管理者，我们完全可以从游戏中汲取一些有趣的激励机制，如反馈、激励、目标等，让工作变得更加有趣。例如，我们可以设置一些小目标，完成后可以获得一些虚拟的奖励，这些奖励可以在公司内部兑换一些实物奖品。但是，单纯的物质奖励很快就会失去吸引力。企业给员工增加工资带来的激励作用会有时效性，越是高工资的员工，受到薪资激励的时限越短。任何激励都呈现边际效用递减的原则。

这时，我们可以引入盲盒机制。盲盒的魅力在于它的不确定性和惊喜性。员工不知道下一个盲盒里的会是什么，这种期待和好奇心会极大地激发员工的工作热情。

企业考核奖励的深层意义与作用

企业绩效管理中的奖励机制通常分为两大类：正激励和负激励。对员工产生激励的方式都是正激励，而实际操作中，许多奖励的效果并不如预期，甚至有时会产生负激励。这意味着激励策略并不仅仅是简单地提供奖金或物质奖励。更深层次地，它是对员工价值、贡献和努力的肯定与赞赏。对于管理者而言，如何让员工被激励，总是比如何激励更为重要。

第六章
任务驱动，激发新生代员工实现 KPI

每当年关临近，就会有伙伴在群里询问年会应当置办什么奖品，针对优秀员工可以设计什么奖项名称。似乎企业对如何激励或者激励这件事情一直存在困惑。管理者既想要新意，又不舍得分配企业的盈利，最终只能寄希望于用精神激励来替代物质奖励。但实际上，员工在看待企业激励时，往往会与同行公司进行比较。相较于年会优秀员工的证书，更吸引人的可能是1000元的现金奖励。相对于公司发的粽子、月饼、大米、肥皂，员工会更羡慕别人公司在三亚或者国外团建。当年很多人羡慕办公室永久无限量供应的汽水，但是很多人忘了Google无限量供应汽水的背后，是相当高的用人门槛，对于人才能产生的价值评估也是相当高的。

著名心理学家和行为科学家维克托·弗鲁姆（Victor H. Vroom）于1964年提出了一个有关激励的理论。他用了一个简单的公式：

$$动机 = 效价 \times 期望值 \times 工具性$$

"效价"代表员工对某一激励的喜好程度。例如，为60后的员工提供一个稀有的游戏皮肤可能不会产生任何吸引力，但对00后的员工来说，这可能是一个极具吸引力的奖励。

"期望值"则代表员工认为自己能够获得这一奖励的可能性。虽然公司奖励年终旅游，但是只限"销售冠军"，那么激励到的只有日常销售最好的两三名员工。其他员工只会眼红，而不会获得任何实质上的激励，因为期望值为0。

"工具性"则关乎员工如何达到这一目标，或者在什么情况下可以达到这一目标。如果员工不清楚如何获得某一奖励，那么这一奖励对他们来说可能就失去了吸引力。很多员工有很强的预期，也非常愿意获得激励，只不过不知道如何获取，因此这些潜在激励最终也对这些员工无效。

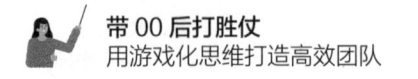

给日常工作增添仪式感

2023年刮起了"寺庙热",不同以往,如今在灵隐寺、普陀寺上香的都是年轻人。大部分年轻人去上香,不是求姻缘、安康,而是奔着搞钱和事业去的。他们用一种追星的方式在跟风"传统习俗"。一些00后伙伴打趣地说:"只有钱和菩萨不会骗我。"

上香、求法器都是为了获得仪式感。仪式感是一种强烈的自我暗示,是一种精神的礼仪。人一旦完成了充满仪式感的动作,就能将自己的反应力、思考力、执行力凝结起来,使之提升到一个高水平状态。"如果你每次要做某件事时都需要思考一下,那么你很可能不能长久坚持地去做这件事。"《精力管理》中的这句话告诉我们,选择是最耗费心力的事情之一。而建立"仪式",就是让你排除这样的思考,给自己建立一种自动反应机制。

在工作场景中建立"仪式",使奖励的获得与仪式感挂钩,那么不仅能让员工在工作中获得愉悦,还能让他们充满期望,创造一种与工作的情感连接,从而更好地投入工作,找到工作的意义和价值。

> 仪式感的核心是什么?第一个是要与员工本人有关,第二个是要比日常精致。

可以说,工作中的仪式感大部分是被设计的。很多管理者更多的是从公司的角度出发,把公司周年庆等重要活动办得很有仪式感,当然,活动很精致,不过员工内心或许仍然把工作当成工作。仪式感最重要的就是要与员工本人有关。例如,员工的生日和工作纪念日都是员工个人的特殊时刻,每个员工都希望在这些日子里得到公司的关心和认可。

企业可以为员工提供:生日卡和小礼物,使用简单的问候让员工感受到公司的关心。对于在公司工作多年的员工，可以给予一些特殊的奖励，如增加年假、提供旅行券等。要建立公司与员工本人的关系，最好是独属于某一个特定员工的内容，既可以利用积分奖励，也可以采用对于员工的关系链接，本质上就是通过仪式感让员工感受到企业对员工的重视。这些都是公司表达对员工的关心和认可的方式，能够增强员工的归属感和忠诚度。

除此之外，仪式感还可以帮助员工更好地进入工作状态，提高工作效率。当员工完成某个充满仪式感的动作，他们的注意力、思考力和执行力都会被集中，能够更好地完成工作任务。

仪式感可以成为关系的开始，也可以是一种心理安慰，一种心理寄托。不只是现在的年轻人需要，公司的老员工也可以通过仪式感来激活。

在工作中，我们经常会遇到各种困难和挑战，这时候，除了技能和经验，还有一种东西可以给我们带来支撑，那就是"运气"。在很多人眼里，运气可能是一种玄而又玄的东西，但在企业中，却有很多人深信不疑。他们认为，技能和经验都很重要，但运气同样不可或缺。有的时候，一个好的机会、一个好的合作伙伴，都可能因为"运气"而来。

我有一个朋友，是某集团企业的总监。他有一次在线上小群里发牢骚，说自己最近遭遇了很多困难，感觉整个人都很糟糕。群里的伙伴给了他很多建议，但他似乎都不太买账。这时候，我问他："你有信仰吗？相信光也可以。"他有些意外，因为我的建议是去寺庙里上个香，或者看看奥特曼（笑话）。我的朋友听了，似乎有些受到启发。他说，他确实需要一些东西来支撑自己，来让自己在坏运气下获得仪式感。

仪式不仅仅是一种形式，更是一种情感的链接。它能够帮助员工更好地投入工作，找到工作的意义和价值，也能够增强员工的归属感和忠诚度。对于公司来说，建立和维护仪式感是一项长期而有意义的任务。

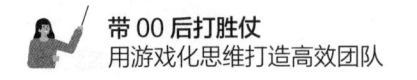

开盲盒的刺激你不懂

当下,盲盒已经成为一种在00后之中流行的消费方式。这种充满不确定性和惊喜的购物体验,吸引了大量的年轻人。你可能会好奇,什么是盲盒?简单来说,盲盒类似一种抽奖,核心特点是购买者在购买时并不知道盒子内具体包含哪一款商品,只知道可能的款式范围。只有打开盲盒后,才能知道自己获得了哪一款产品。这种神秘和不确定性为盲盒增添了乐趣,使其在全球范围内受到了许多消费者的喜爱。例如,河南博物院的文创盲盒在双十一期间便成为销售黑马,极大地提升了其品牌知名度。

盲盒种类繁多,从动漫人物、艺术品到生活用品都有涉及。更有意思的是,盲盒可以用于收藏交换,自带分享与社交的属性。有些盲盒还有很高的价值,能给玩家带来非常高的经济回报。盲盒的玩法很容易让人上瘾,兼具围观属性与经验交流的性质,成为一种社交货币。这背后反映了年轻一代旺盛的社交需求。而在企业管理中,如何将这种盲盒的"玩法"引入,为员工带来不一样的激励和惊喜,也成为一个新的管理命题。

如何设置盲盒奖励,让员工获得不一样的惊喜

盲盒的具体机制包括概率随机+社交炫耀+经济回报。

概率随机: 福建闽南地区企业保留了一项非常古老的文化习俗——"中秋博饼"。公司根据员工投掷骰子的点数提供奖品,图个喜庆热闹。在线上社群管理中,很多社群会给学员提供不同的奖励,通过随机抽取红包,或者通过赢得多少投色子的机会在微信上获得点数,最终确定学员的奖励。当然,最省事的方法是去彩票店买一些刮刮乐,然后发给员工2~3张作为开门"红包",给员工带来有趣的喜庆娱乐氛围。

社交炫耀：很多00后去寺庙中祈福的内容是"获得××游戏的SSR十连抽"。SSR是Superior Super Rare（特级超稀有）的首字母缩写，是《阴阳师》《炉石传说》等游戏中对游戏角色或道具的稀有度评级。对于游戏玩家来说，抽中SSR不啻于福利彩票中奖。如此幸运的事情会引发当事者的炫耀情绪。很多大厂在制作企业内部的公仔娃娃或其他纪念品时，也会设计稀有度差异，员工如果抽到特定的稀有产品，就会觉得自己运气很好，从而产生二次宣传自己公司福利的动机。

经济回报：员工努力工作可以直接得到的回报是收入，而其他的部分可以称为福利。在企业中，福利经常是与绩效挂钩的。过去，企业经常会采用福利清单、自助福利超市来给员工提供福利。无论如何，员工得到这些有经济价值的奖励后能够产生额外的获得感。如果企业规定员工生日就会获得200元钱，那么员工就会将这一福利当作应得的。

另外要注意"盲盒"的内容。盲盒里可以是一张咖啡券，也可以是一本书或者其他小礼物，但切记不要放入员工不喜欢的礼品，如员工与甲方的合影、董事长签名等。现实中，管理者希望用100元钱给员工带来1000元钱的感受，那么就得补足900元的创意。盲盒的玩法或许是当下企业提供额外激励的最好创意之一。

后　　记

在撰写这本书时，我们正身处新冠疫情的阴霾之下。这场突如其来的疫情引发了全球经济和社会的巨大变革，许多行业经历了重新洗牌，一些历史悠久的企业不幸倒闭，而一批掌握数字化技术的新兴企业则迅速崛起。在这样的背景下，企业管理者发现，过去那些经过时间检验的管理策略，在当前这个充满不确定性的环境中似乎失去了效用。

这场巨变不仅对企业的生存模式提出了挑战，也深刻地影响了员工，尤其是新入职场00后的工作观念。他们尚未定性，似乎无法被归纳，却又处处表露出截然不同的工作风格。他们看似更加追求个性化，实际上只是希望得到某个圈子的认可。他们是个体觉醒的一代人，追求工作与生活的平衡，更看重工作的意义而非仅仅是薪资待遇。这一代人，他们渴望在工作中不断成长，希望自己的声音被听到，希望自己的价值被认可，而不仅仅是被动地接受管理。

对管理者而言，这意味着他们需要调整自己的管理策略，重新思考如何与这一代员工有效沟通、合作，以及如何帮助他们实现职业成长。这要求管理者不仅要更新自己的管理观念，还要掌握和运用新的管理工具，将游戏化管理运用在工作中，将年轻人喜欢的游戏形式，借用在具体的工作中，让新生代员工更好地被激励。在这么一个变革的时代，管理者的学习能力与其掌握的管理工具同样重要。适者生存这一自然法则一直在发挥作用，只有那些能够迅速适应变革、持续学习和创新的企业和管理者，才能在巨变中稳步前行，书写新的辉煌篇章。

感谢我的父母与家人对我写这本书的支持与一如既往无条件的爱。感谢中国纺织出版社编辑郝珊珊女士在写作过程中的一路指引。感谢本书的设计覃漪澜为全书配图进行设计。感谢秋叶大叔、赵颖老师、张晓彤老师、石北燕老师、邹善童老师、纯子编辑在写作过程中对我的帮助。还要感谢金天野、无痕水、Alice王慧群、朱照霞、王姗、烟火、闻腾达、美丽善良的33、蔬菜、夏丽、yoyo、小黑帽大何对本书内容编辑、修改、整理提供的宝贵意见。同时还要感谢在这个过程中一直鼓励我的朋友与伙伴，没有你们的鼓励和支持，我就无法写完这本书。最后感谢本书出版过程中我知道名字、不知道名字的工作伙伴们，是你们默默的付出，才促成本书的面世。

由于时间仓促以及本人水平有限，我深知书中难免有疏漏之处，希望读者谅解，并由衷期待与读者开展进一步交流，来获取宝贵意见。